Александр Невзоров

ПРОИСХОЖДЕНИЕ ГЕНИАЛЬНОСТИ И ФАШИЗМА

Как свершилось преображение обычного животного в существо, сумевшее оставить свои фекалии на Луне?

———

Вся история человечества — это история неудачной попытки преодолеть закоренённый в природе человека фашизм.

Flibustier Publishing
2023

УДК 572
ББК 28.71
Н40

Невзоров, А.

Н40   Происхождение гениальности и фашизма / Александр Невзоров. — Flibustier Publishing, 2023. — 254 с.

ISBN 979-12-210-3301-4

Строго основываясь на эволюционной истории мозга, автор вычисляет причины и происхождение «гениальности», фашизма, любопытства, любви, войны и культуры.

Это — первая публикация данного исследования.

В качестве приложения к основному тексту в книге размещено несколько статей, которые были опубликованы в разное время и близки по тематике основному тексту.

УДК 572
ББК 28.71

© Flibustier Publishing, 2023
© Л.А. Невзорова, 2023

ISBN 979-12-210-3301-4   © А.Г. Невзоров: текст, 2023

ПРЕДИСЛОВИЕ

История этой книги началась с того, что старик из камеры №1 съел полрулона туалетной бумаги.

Ничего чрезвычайного!

Туалетная бумага с воли — любимое блюдо арестантов, особенно в пятизвездочных тюрьмах. Заботливые родственники пропитывают ее «бутом», кокаином или другой наркотической дрянью.

Тюремное начальство в курсе этих маленьких хитростей.

Впрочем, есть нормы потребления. Десять метров — предел. Их достаточно для самого продолжительного счастья.

Но узник из «единички» на половинке рулона не остановился, а продолжал пихать под усы подтирочный материал.

Только это и встревожило надзирателя. Дело в том, что с такой массой бумаги почтенный желудок мог и не справиться.

И тоже — ничего страшного. Пусть бы себе и умирал.

Смерть заключенного — не проблема. Скорее наоборот. Давненько никто не клеил ласты. Маленькая тюрьма стосковалась по сакральной суете.

Обмывание тела, примерка гроба и кудахтанье вдовы в вуалетке были бы очень кстати.

Погребальный аттракцион учит ценить жизнь человека. Он внушает священный трепет.

Так что ради красивых похорон всегда стоит кого-нибудь прикончить. И уж тем более дать умереть.

Но!

Сиделец из «единички» был не просто старикашкой, а местным «доном». Более того — «капо бастоне».

То есть главой очень богатой, очень известной и очень хорошо вооруженной «семьи».

А дон не должен погибать, обожравшись туалетной бумагой. Его уважаемые коллеги не поймут.

Результат вскрытия будет не утаить. Вскипит интернет, ТВ и пресса. Конкуренты непременно обхихикают и покойника, и его почтенную Семью.

Следствием скандала станет еще штук тридцать гробов. И в один из них ляжет начальник той тюрьмы, где безобразие свершилось.

И только по этой причине было принято решение: рулон отобрать, но средство гигиены компенсировать.

Было одно «но». Старый дон не любил, когда его беспокоили в его камере. Поэтому пришлось поднять тюремный спецназ.

Все прошло отлично. Газ. Штурм. Световые гранаты. Отобрали.

Но!

Вместо нового рулона дон получил из тюремной библиотеки детскую книжку с картинками.

Что-то про мозг, фашизм и гениальность. Это был совершенно случайный выбор.

Право закончить свои дни в сортире книга заслужила лишь нежностью своих страниц.

Увы! Ее название навсегда осталось неизвестным.

Привыкший есть любую бумагу, старый мафиози сразу сожрал титульный лист, предисловие и оглавление. Убедившись в том, что знакомого вкуса оксибутирата натрия в страницах не содержится, он устроил погром в камере, разбил сервиз, плазму и все вазы муранского стекла.

Книга, разумеется, была разодрана в клочья.

А потом случилось невероятное — гневливый старик зачитался ее лохмотьями и впал в прострацию.

Дон забыл и о наркотиках, и о делах Семьи. Но обрывки всегда держал при себе. И постоянно читал.

Чтение его и убило, что подтвердил консилиум тюремных патологоанатомов. Да-да. Большая часть полушарий головного мозга мафиози подверглась испарению.

При чтении книг это, увы, неизбежно.

В гробу дон лежал с выражением глубочайшего изумления. Брови задраны, глаза выпучены, рот открыт. Все визажисты континента пытались исправить его физиономию, но не смогли. В скрещенных руках покойный зажал клочья детской книжки. С ними и был похоронен.

◆ ◆ ◆

Когда мне предложили астрономический контракт на цикл лекций о «происхождении гениальности, фашизма и тайнах мозга», я ничего не знал об этой истории.

Было лишь сказано, что лекции надо читать темпераментной семье — примерно из 100 человек.

Дедушка-самодур завещал родственникам ознакомиться с озаботившей его темой. Только после этого банковские счета будут открыты к наследованию.

Так что мой курс был не просто исполнением последней воли, но и ключом к миллиардам.

Да!

Поскольку дедушка запретил спать на лекциях, из них следовало исключить любые научные термины, латынь, цитаты и другую усыпительную муть.

Агент аккуратно предупредил меня, что в Семье есть парочка огненных парней. Когда им становится скучно, ребята, чтобы взбодриться, начинают стрелять в лектора.

А скучно им все. Когда мальчики слышат слово «трансцендентный», они справедливо решают, что над ними издеваются.

Тут-то и выяснилось, что я стал третьей попыткой наследников спятившего мафиози ознакомиться с мозговым вопросом.

Мда.

Первым был профессор Болонского университета. Он получил заслуженную пулю из аудитории за «дивергенцию и конвергенцию».

Вторым за «трансназосфеноидальный доступ» пал специалист из Амстердама.

Все было по-честному. Профессоров предупреждали о недопустимости таких выражений.

Семья, конечно, устроила им пышные похороны и вручила вдовам утешительные призы.

Тем не менее, затея с лекциями приобрела дурную репутацию. В академических кругах больше не было желающих подставлять лоб под золотые пули Семейки.

А волю изумленного маразматика надо было срочно исполнять. В банках прокисли деньги.

Этим-то и объясняется астрономичность предложенного мне гонорара. Устоять было невозможно.

Агент рекомендовал на первую же лекцию одеть бронежилет.

Вместо броника я приобрел в одном подвальчике два огромных капсюльных револьвера «Кольт» образца 1851 года.

Пули 36-го калибра пробивают навылет Библию, но местный закон такие штуки оружием не считает. В силу абсолютной старомодности они проходят по реестру антиквариата.

❖ ❖ ❖

Да, их было человек сто. Очень много сигар, шрамов и проборов.

Бандитскими были все рожи, особенно у старушек. Бесспорно, в такой аудитории огнемет был бы уместнее древних «Кольтов».

Впрочем, пора было начинать.

— Господа и дамы! Я понимаю: для того чтобы мы могли сегодня заняться эволюционной историей мозга, вам пришлось отложить заказные убийства, контрабандные операции, а также другие полезные и увлекательные дела. Я много слышал о вашей Семье и рад тому, что у нас с вами так похожи привычки и взгляды на жизнь.

Тут допотопные револьверы вынулись из портфельчика и многозначительно легли на лекторский столик. Разумеется, стволами к аудитории.

Курки я взводить не стал, но все равно возникла пауза.

Под проборами происходили волшебные процессы. Дергались и дымились усики.

Прошло секунд двадцать, прежде чем смуглая семейка засвистела, захохотала и принялась аплодировать. Затем вся аудитория сорвалась с мест. Сверкая зубами и бриллиантами, она ломанулась делать селфи со мной и моими револьверчиками.

Эта выкладка стволов (уже без ажиотации и селфи) превратилась в важную традицию, в непременный ритуал лекций.

Да. Стрелять мне так ни разу и не пришлось. Даже в старушек.

На тот момент я уже много лет занимался мозгом, не имея ни научных амбиций, ни уважения к науке. Дело в том, что мое ремесло основано на истинном цинизме.

А он невозможен без точных и объемных знаний мозга человека.

Я изучал мозг не как ученый, а как диверсант, который досконально выясняет расположение окон, привычки охраны, сигнализацию и прочие свойства объекта, который ему предстоит атаковать.

Это «деловой подход». Он исключает обсасывание гипотез, не имеющих прямой объясняющей силы.

Однако если придерживаться именно его, то разгадка всех «секретов» неотвратима.

Полнота знаний о мозге доступна любому.

Но!

Чисто теоретическое изучение вопроса невозможно. Увы. Надо вскрывать черепа, потрошить полушария и мучить лабораторных крыс.

Лет пять придется посверкать в моргах ланцетом, а утренний бокал формалина занюхивать мозжечком мумии.

Но ланцет не отменяет ни зеленую тоску латыни, ни курганы тематической макулатуры.

Впрочем, постижение известного — дело нехитрое. Оно по силам даже болванам в белых халатах.

Работа механизмов мозга и его происхождение — предельно простой вопрос. Не говоря уже о «разуме», «мышлении» и «гениальности». Абсолютно все «загадки» мозга имеют вульгарное объяснение.

Наука тут, к сожалению, путается в показаниях и объяснить ничего не может. Что не удивительно. Разум и мышление — это не ее ума дело.

Но!

В союзе с наукой и нет никакой необходимости. Как и в принадлежности к ней. Особенно сегодня, когда роль ученого стала столь жалкой.

Да, фактура необходима. Но науку можно безнаказанно грабить, т.к. жаловаться ей некуда. И некому.

Кто такие «ученые»?

Эти милые бедолаги кладут жизни, чтобы добавить свой грошик в копилку научного знания. Ученые самоотверженно избирают тяжелую долю, лишения и бедность. Они жертвуют собой.

Ну так пусть они и жертвуют. Пусть трудятся. Но разделять с ними этот тяжкий труд нет никакой необходимости.

Пусть ученые горбатятся в архивах, облучаются в реакторах, падают в вулканы и вмерзают в арктические льды.

Адрес той копилки, куда бедняги тащат результаты своих трудов, отлично известен. Ее всегда можно взломать и забрать из нее все что надо.

Знания, как и деньги, «не пахнут».

Тут уместно сравнение с «бриллиантовой темой».

В ней много фигурантов.

Ведь «брюлики» — это результат труда геологов, маркшейдеров, взрывников, бурильщиков, гранильщиков, ювелиров и т.д. Алмазная эпопея длинна и драматична. Каждый выбирает в ней место по вкусу.

Но наилучшая роль в «бриллиантовой истории» все же у того, кто бриллианты носит.

Точно так же дело обстоит и со знаниями.

Следует усвоить простую истину: ученые — это не «властители дум», не толкователи мира, а просто гномы-рудокопы.

Их мнение ничего не значит.

Да, в своих научных шахтах они добывают очень полезную фактуру, без которой обойтись невозможно.

Но их ремесло — наковырять ее и подать на поверхность. На этом все. Их роль заканчивается. Как и роль самой науки.

Конечно, каждый кусок добытой «руды» гномы провожают ревнивыми рыданиями. И вечно лезут с советами по использованию своих находок.

Но! Забрав их добычу, о добытчиках следует забыть. И об их советах тоже.

Дальнейшая судьба открытий и фактов, т.е. переплавка научной руды в идеи и обобщения — совершено не их гномье дело.

Особенно в таком забавном вопросе, как история и работа механизмов мозга.

Все, что можно было в этой простейшей теме запутать и испакостить, учеными уже испакощено. Ничего удивительного. Ремесленники, которые изготавливают знания, тут взялись не за свое дело.

Ими созданы сотни бредовых теорий, запущены фейерверки заумных нелепиц.

Это не удивительно.

Если в цирке сдох слон, то приходится удесятерять усилия клоунов и жонглеров.

Надо же отвлекать публику от отсутствия обещанного гвоздя программы.

На афише — слон! В рекламе — слон!

Но слон сдох.

И бедным гномам приходится с утроенной силой жонглировать терминами и пустыми гипотезами.

Когда-то наука поклялась понять и объяснить возникновение рассудка. Теперь бедняжка вынуждена как-то отвлекать внимание от того факта, что никакого понимания как не было, так и нет.

«Слон» сдох давно.

Свой последний вздох он испустил через волосатые ноздри милейшего Ивана Петровича Павлова в 1936 году.

(С тех пор, конечно, накидалась и еще кое-какая полезная фактурка, вроде работ Пенфилда и еще пары подобных мелочей.)

В принципе, все, что нужно для окончательного резюме о мышлении и гениальности, уже есть в наличии.

◆ ◆ ◆

Семейка ожидательно притихла. Она отлично подготовилась к лекции о тайнах мозга: коробки с сигарами распахнуты, хрустальные фляги Macallan in Lalique откупорены.

Мое вступительное слово было академичным, но кратким.

— Начнем. Несомненно, вы в курсе того, что хороший выстрел в голову решает все проблемы. Это возможно только потому, что в голове располагается мозг.

(Едва я произнес эти слова, аудитория подозрительно оживилась и потянулась к своим золоченным «Глокам» и «Береттам»).

— Не будем отрицать очевидное! Голова очень привлекательна, как мишень, а лоб прямо создан для пули.

(Тут началась настоящая овация, которую мне удалось утихомирить только через пару минут.)

— Что такое лоб? Сущее ничто. Набор морщин и тоненькая кость. А сразу за ней, впритык, извилины лобных долей.

Разместить управляющий орган на самом видном месте — большая ошибка.

Но...

Вероятно, эволюция не предполагала, сколь криминально будет развиваться проект «homo».

(Тут я почтительно поклонился аудитории. Господа синхронно поправили бабочки и отсалютовали стопками Macallan. Дамы и старушки ответили воздушными поцелуями.)

— Конечно, и сам мозг надо было делать совершенно иначе.

Но! Эволюция, как всегда, пошла дурным путем.

(Судя по поджавшимся губам, никто и не ждал ничего хорошего от девки с дурацким именем «эволюция»).

— Эволюция любит на скорую руку сляпать какую-нибудь дрянь, а потом сотни миллионов лет усложнять свойства этой дряни до умопомрачения.

Увы, при этом изначальные качества дряни никуда не исчезают. Увеличивают свои возможности и развиваются именно они. Больше, извините, нечему.

Мозг не стал исключением. Он тащит в себе всю свою гнусную историю. Она-то и стала его парализатором.

Поэтому человек — существо с очень ограниченными возможностями.

(Тут Семейка так мощно заработала сигарами, что напомнила Везувий в его лучшие годы.)

— Человек не виноват. Эволюция его управляющего органа смешна и трагична.

На этом грустном фоне несколько сотен особей homo выглядят чуть лучше прочих.

Их называют «гениями».

Гениальность — это всегда явление шокирующее. А для «негениев» столь же обидное, как для паралитиков — задорный тверк.

(Услышав первое понятное слово, дамы вскочили и привели ягодицы в боевую готовность. Они решили, что цикл лекций завершен и объявлены танцы. Я попросил их занять свои места и продолжил.)

— Конечно, все хорошо на своем месте. Тверк лучше делать полушариями зада. Но если с задницей не очень повезло, то его можно замутить и полушариями мозга.

Чем, собственно, и занимались господа: Декарт, Авогадро, Фейнман, Менделеев, etc, etc.

Сейчас я объясню, как у них это получилось.

А заодно и то, что такое «фашизм», откуда он взялся и как связан с «гениальностью».

Но! Прежде чем приступить к сути, я обязан предупредить о том, что мои лекции могут причинить вам боль.

(Аудитория ответила мне зловещими улыбками.)

— Строго говоря, гениальность Эйнштейна, Борна или Ламетри — это пощечина всему человечеству.

Ведь признавая за частью людей особые умственные возможности, мы автоматически переводим всех остальных людей во «второй сорт».

Да-да.

Факт существования гениев режет человечество на две неравные части. Есть высшая каста, состоящая из гениев. И есть все остальные люди, умственные возможности которых, в сравнении с гениями, ничтожно малы. Мироздание тут допустило, как минимум, бестактность. Ведь сравнительно с Планком или Везалием каждый из нас едва тянет на дебила.

Но!

Не стоит драматизировать. Все давно научились игнорировать этот обидный нюанс. Собственная «второсортность» никого не беспокоит. Все эти «коперники-эйнштейны» просто отселены в некое «другое измерение». С глаз подальше.

Тем не менее, интрига сохраняется. Она никуда не делась. Являемся ли мы все «слабоумными»?

(Такой подлости от мироздания Семейство никак не ожидало и тревожно накатило по стопочке.)

— Вот! Теперь вы и сами понимаете, что именно задело вашего уважаемого дедушку. Дон не был готов записываться во «второй сорт».

Так существует ли особая, высшая каста людей или это мираж?

Выяснением этого вопроса мы и займемся. Как видите, изучение мозга человека не такое бессмысленное занятие, как это кажется на первый взгляд.

Аудитория исчезла. Из скрывшего ее табачного тумана вдруг нарисовалась мафиозная кроха лет пяти. Присев в книксене, она вручила мне сигару и щелкнула зажигалкой.

Я понял намек, закончил вступление и перешел к делу.

P. S.

Да. Все прошло очень академично. На лекциях я разрешил курить, пить, нюхать и интернет. Запрещалось только использование стульев в драках. Кто хотел — вел конспекты.

Мой курс не стал для Семьи пустой тратой времени. Отнюдь. Она сделала свои выводы.

Спустя пару недель в городке свершилось весьма оригинальное убийство. Жертвой стал директор гимназии, допустивший некорректное высказывание о Ч. Дарвине.

Залп двадцати мощнейших револьверов рассек пополам его тело.

Ноги убежали, смешались с толпой, и их не удалось догнать. А вот верхняя половина директора осталась на месте. Она вызвала пресвитера, гробовщика и родителей всех участников преступления.

Гробовщик получил от половинки наказ вдвое сократить длину гроба, а пресвитер — панихиду. Затем кусок директора погрозил пальцем родителям и испустил дух.

Из трупов попавших под огонь случайных прохожих были извлечены пули 36-го калибра.

Да! Судя по всему, впечатление на аудиторию произвели не только мои познания, но и мои «Кольты». Быстро обшарив континент, семейка нашла себе точно такие же.

Я же сделал из курса книжку, которую вы держите в руках.

В ней, как и в лекциях, нет той усыпительной мути, которой наука отравила тему эволюции мозга человека.

Да. Если вы где-то что-то не поняли, то это ваша проблема. Мне лень расшифровывать каждую проделку эволюции и разъяснять все механизмы работы полушарий или ствола.

Глава I
МОЗГ ИИСУСА и МОЗГ САТАНЫ

Иисусу Христу очень повезло. В его время не было принято проводить посмертные экспертизы мозга. Даже самые скандальные трупы не вскрывались и не исследовались.

А зря.

Требовалось всего три минуты поработать ланцетом и пять минут «болгаркой», чтобы получить полное представление о свойствах и происхождении этого загадочного мертвеца.

Ведь в ту эпоху любой прохиндей мог наплести о себе все что угодно. Очень модно было представляться мессией, пророком или божьим родственником.

Мессианский бизнес был крут, но опасен. Претензии на родство с богом чаще всего заканчивались большим древнееврейским скандалом.

Но иногда умельцам все же удавалось раскрутиться в крупную культовую фигуру. А затем и пристроиться в местном или даже мировом пантеоне.

Всегда в результате появления каждого нового божества у всех начинались и новые неприятности. Но обычно они были локальны и скоротечны.

А вот Иисус переплюнул всех коллег по «небесному цеху», надолго став настоящим бедствием.

Львы на аренах давились несвежими фанатиками. В кострах трещали астрономы. Множились праведники, проповеди и вши. Почти двадцать веков бедный homo вынужден был тупеть, вонять и веровать.

Львов и астрономов можно было спасти грамотной патанатомической экспертизой. Она бы легко установила, кем в действительности был Иисус.

К сожалению, ее не сделали.

Но сегодня мы можем исправить ошибку, совершенную 2000 лет назад.

ДНК христианского бога нам недоступна. (Ее неизбежно сохранила бы туринская плащаница, если бы не была нарисована в XIV веке.)

Но в нашем полном распоряжении его мозг. А он способен рассказать абсолютно все о своем носителе.

В извилинах, ядрах и желудочках прописаны все способности и возможности подчиненного ему организма.

Любые сверхъестественные или аномальные свойства особи неизбежно будут представлены и аномалиями нервной системы.

Напомню, что ни одно животное не может иметь никаких качеств, кроме тех, что определяются структурами его мозга или его геномом.

Да, мозг надо уметь «прочитать».

Но 125 ученых зануд, от Алкмеона до Павлова, сделали это «чтение» легким и приятным занятием.

Технически все совершается очень просто.

С учетом того что самыми чистыми экспертизами являются именно посмертные, фигуранту, в первую очередь, надлежит создать условия для быстрой кончины.

Затем следует взять скальпель, обнажить от кожи его лобную и височную кости и по линии чуть выше бровей совершить круговой пропил черепа.

Если все сделано правильно, то голова откроется легко, как табакерка.

Обнажится головной мозг. Его следует извлечь, зафиксировать и исследовать.

Разумеется, спилить крышку черепа Иисуса и изучить содержимое было бы весьма любопытно.

Но и мозг его конкурента, т.е. сатаны, представляет не меньший интерес.

Пресловутые рожки дьявола — тоже не проблема для опытного анатома. Круговой пропил головы можно начинать как раз под ними.

Разумеется, оба персонажа — вымышлены и являются фантазиями. Но некрозные пятна, оставленные пальцами этих фантазий на горле человечества, вполне реальны.

Впрочем, все это не имеет никакого значения. Фантазия препарируется столь же успешно, как и настоящий мертвец.

Возникает вопрос.

А зачем, собственно, лезть скальпелем в придуманные головы магов и богов древности?

Объясняю.

Они сами напросились.

Нельзя же безнаказанно олицетворять тайну.

Более того, мы говорим о главных и самых влиятельных воспитателях человечества.

Придумывая Христа и Сатану, люди получили абсолютно неограниченную возможность сконцентрировать все свои представления о невероятных и исключительных личностях.

Если где и искать самые сочные примеры гениальности, то в первую очередь в их черепах.

Категорически важно и то, что именно эта парочка считалась дистрибьюторами уникальных свойств и способностей.

Отметим, что оба предлагают т.н. гениальность в обмен на т.н. «душу».

То, что оба фигуранта являются выдумкой — не играет никакой роли.

И Иисус, и Сатана поневоле стали вертелами, на которые нанизалось все загадочное и иррациональное.

Во многом благодаря библейской парочке до сих пор существует уверенность в том, что разум имеет сверхъестественное или хотя бы необъяснимое происхождение.

Эта загадочность породила и выкормила массу производных: душу, интуицию, спиритизм, оккультизм, личность, ясновидение, экстрасенсорику, пророчества, эзотерику, когнитивизм, синестезию, психотерапию, духовность и пр., пр., пр.

Все это родственные явления, имеющие общее происхождение и огромное влияние. Хотелось бы разобраться заодно и с ними.

Здесь логично спустить с поводка науку. По идее, она и сама давно должна была с него сорваться и загрызть эти производные веры.

Но не следует обольщаться.

Наука давно уже не боец.

В лучшем случае — трусливый оруженосец, готовый предать в любую минуту. Полагаться на нее не стоит даже в пустяковых разборках. А уж встречаясь с матерой, хорошо костюмированной духовностью, она, как правило, сразу поджимает хвост.

Вспомним, что в XVIII веке первое публичное изнасилование церкви совершила совсем не наука, а озорная публицистика Ламметри и Гольбаха. Наука же при этом трусливо потела над «мелкоскопами», делая вид, что не имеет никакого отношения к хулиганству Жюльена Офри и Поля Анри.

Впрочем, трусость и лицемерие науки нужно понять и простить. У нее тяжелое детство и драматическая биография. Фараоны набивали ею мумии, а Папы Римские жарили на кострах.

Когда фараоны вымерли, а Папы устали, за науку взялись генералы. Они заставили бедняжку гадить очень большими бомбами.

Конечно, от всего этого можно было свихнуться. Что, собственно, она и сделала.

Кстати! (чтобы не запамятовать)

Т.н. «святых» в католичестве и в православии насчитывается порядка 25 000 штук. Их останки тщательно сохраняются церковью.

В мощевиках, раках и реликвариях мы обнаруживаем кровь, пот, слезы, молоко, ноги, руки, головы, ребра, пальцы, волосы, ногти, зубы, сердца и желудки апостолов, мучеников и преподобных.

Но если вы захотите взглянуть на их мозги, то среди 12 миллионов таких артефактов вы не найдете ничего.

Ни один реликварий не содержит хотя бы половинку сушеной извилины святого.

Впрочем, мы отвлеклись от нашей темы.

Вернемся в нее и продолжим.

Возможность поковыряться в полушариях Иисуса или Люцифера кажется делом соблазнительным, но нереальным.

Однако, это не так.

Сегодня можно провести детальный анализ мозга любого существа. Даже если это существо является чистым вымыслом и никогда в реальности не существовало.

Нет никакой проблемы выстроить в ряд «банки с мозгами» всех сказочных персонажей — от Иова до Белоснежки.

(Бродить по грани бреда — это отдельное удовольствие. Здесь, увы, его испытать не удастся. Все очень буднично и пресно. Все — в рамках академической физиологии ЦНС и штатной сравнительной анатомии.)

Каким образом мы можем изучить мозг вымышленного существа?

Сейчас объясню.

Для понятности сперва возьмем банальный вариант посмертного вскрытия вполне материального черепа.

Для этой цели в равной степени сгодится голова и китайского гимнаста, и русского царя.

Персоналия роли не играет. Главное, чтобы формалин был свежий.

Режем, пилим, вынимаем мозг, фиксируем и шинкуем.

Распотрошив и изучив, мы можем безошибочно описать как поведение его носителя, так и все его особенности, вплоть до возраста, здоровья и привычек.

Размерности полушарий, ядер, миндалин и другие структуры все доложат о его владельце. Ошибки возможны, но маловероятны.

Дело в том, что связи меж нюансами поведения и мозговыми субстратами слишком хорошо известны.

Мозг, особенно мозг млекопитающих, — конструкция в высшей степени логичная и примитивная.

Никаких загадок в ней нет.

125 ученых зануд отлично потрудились, не оставив в теме ничего таинственного или спорного.

Препарируя желудочки, извилины или ствол, мы с высокой степенью достоверности можем набросать биологический портрет того, кто таскал это хозяйство в своем черепе.

С социальным портретом будет чуть сложнее, но в целом тоже все получится. (За исключением незначительных нюансов, вроде формы усов субъекта или его политических взглядов.)

Надеюсь, это понятно?
Прекрасно.

Итак, мы прикинули «прямой», обычный вариант. По анатомии и физиологии мозга мы легко реконструируем поведение его носителя.
Но можно совершить и обратное действие.
Зная поведение и особенности персонажа, мы можем легко построить его головной мозг. А затем обследовать его — и вынести окончательное суждение о природе его носителя.
Способ питания, образ жизни, половые потребности, терморегуляция, реакция на раздражители, etc, etc — позволяют сделать детальную реконструкцию содержимого любого черепа.
Конечно, такой трюк возможен только в том случае, если об этом существе многое известно.
Наш случай — именно такой.
Благодаря трудам теологов, «евангелистов», демонологов, философов, литераторов, библеистов, живописцев, иконописцев и инквизиторов — фактуры у нас преизбыточно. И на рогатого, и на распятого.
Несомненно, ее надо очистить от сказочной мишуры, типа «воскресений», «непорочных зачатий» и явлений из серного пламени.
Эти байки кочуют по всем религиям и не являются специфическими свойствами именно наших героев.
«Исцеления» и «вознесения» — это стандартная подлива, под которой подается практически каждый новый бог. Для древнеримских бомжей (первых христиан) под-

лива была важна, но она давно утратила смысл и скисла.

Впрочем, и того, что останется после удаления мишуры, достаточно для детальной реконструкции.

Напомню, что мы создаем ее на основании общеизвестных сущностных, индивидуальных качеств как падшего ангела, так и его приторного оппонента.

Известно, как они оба плакали, размножались, ели, передвигались, размышляли, облегчались и показывали фокусы.

Мы знаем, что их печалило и что радовало.

Вся эта фактура легко пересчитывается в архитектуру полушарий.

Ее вполне достаточно, чтобы собрать безупречно точный мозговой конструктор.

А эта визуализация дает нам право на окончательные выводы о природе и происхождении наших героев. Все закольцовывается. Выводы начинают проверять друг друга.

Увы!

Откинув рогатую крышку черепа Сатаны, мы обнаружим самые тривиальные полушария.

А также самый обычный ствол и скучнейший мозжечок. Иными словами — это мозг homo в его стандартной комплектации.

Ничего экстраординарного. Как, впрочем, и у Иисуса. Хм.

А репутация этой парочки предполагала совсем иное.

В соответствии с ней мозги и Иисуса, и Сатаны обязаны были иметь радикальные аномалии. И общие, и структурные. Например, «третье полушарие». Другую электрохимию.

Извилины сатанинского мозга должны были бы образовывать число 666. Более того, они обязаны искрить и дымиться.

А мозг Иисуса — иметь форму пасхального кекса. И посыпку сахарной пудрой, марципанами и орешками.

Вообще, хотелось бы, чтобы их мозги передали хоть какой-нибудь анатомический «приветик».

Но его нет. И это странно.

Ведь любые сверхъестественные свойства нужно физиологически обеспечивать. И регулировать.

Утконосы, к примеру, наделены электрорецепцией. А летучие мышки — эхолокацией.

Даже эти, весьма заурядные дарования — и то имеют свои анатомические субстраты. У мышек это особые размерности двухолмий, а у утконосов — конфигурации височных зон.

А уж в основе воистину сверхъестественных возможностей должен быть и сверхъестественный мозг.

Но у нас нет никаких оснований рисовать нашей парочке особое содержимое черепов. Аномальный мозг у нас ну никак не получается.

Нет оснований говорить ни о электрорецепции Иисуса, ни об инфракрасном зрении сатаны.

Не говоря уже о чем-то большем.

Их побуждения, мотивации, реакции сразу выдают в них обладателей типового мозга млекопитающих животных из отряда приматов, подотряда узконосых.

Да, с очень приличной, вполне себе шестислойной корой, в которой завелись и прижились наборы условных рефлексов. Но каждый из этих рефлексов четко привязан к конкретной культуре и имеет понятное, чисто человеческое, происхождение.

Как и у всякого другого homo, мозги данного типа свидетельствуют о полной зависимости «умственной работы» и «бессмертной души» от состояния кишечника, ритма кроветворения, работы мышц и т.д.

Наши голубчики так же физиологичны, как и их поклонники. Соответственно, их сознание может быть легко изменено любой галлюциногенной дрянью. А также алкоголем, мухоморами и марихуаной.

Их мозг беззащитен перед хлорпромазином, скоростными аттракционами, болью и ритмичной музыкой.

А уж диацетилморфин вообще может вить веревки из наших героев, меняя их поведение самым скандальным образом.

Наркотический дебош в исполнении Иисуса или Сатаны, конечно, смотрелся бы эффектно.

Но! Это уже лирика. Мы опять отвлеклись.

Итак.

Нет никаких сомнений — наполнители этих двух черепов имеют эволюционно животное происхождение.

Иными словами, в голове у Иисуса мы обнаружили… мозг того, кто его придумал.

Как и у Сатаны.

Увы и ах.

Что могло бы убедить в ином?

Какие качества заставили бы нас внести коррективы в полушария этих ребят?

Ничего особенного. Достаточно было бы одного маленького чуда.

Но не из «супового набора» мифологии, а чуда несомненного, которое оспорить было бы невозможно.

Для изменения конфигурации их мозга требуется хоть что-нибудь, абсолютно неуязвимое для скепсиса. Равно убедительное как для мистика, так и для циника.

Например, демонстрация способности гулять сквозь время и в I веке иметь те знания о человеке и вселенной, которые появились только в XX.

Иисусу не обязательно шпарить наизусть волновое уравнение Шредингера.

Годится любой пустяк.

К примеру, газовая зажигалка. Или химчисточная бирка, забытая на хитоне.

Даже намек на любую из этих штук позволил бы рассмотреть рогатого и распятого, как носителей сверхъестественных свойств.

Но и этого нет.

Из рамок знаний своего времени никто из них не вышел.

На всех приключениях Иисуса стоит скучный штамп: придумано человеком 2-3 века н.э.

Ладно, Иисус с его раввинским занудством. Но даже любознательный прохиндей Сатана как «родился» в карцере архаичных понятий, так в нем и прожил до угасания своего образа.

Квантовую механику в XIII веке не открывал, обратную сторону Луны не описывал, антибиотик из кармана не доставал. Да и карманов-то не имел.

Грустное зрелище.

Но ничего сенсационного.

Все объяснимо.

Выдумывая очередного бога или демона, человек мог слепить его образ только из своих собственных представлений. А они на тот момент были весьма убогими.

Так что бессмысленно искать в Иисусе или Сатане не только сверхъестественную составляющую, но и что-либо универсальное, равно пригодное для всех эпох.

М-да. Печально.

Но мы не торопимся захлопывать крышки их черепов и возвращать на место кожные лоскуты.

Эти ребята нам еще могут пригодиться. Пусть полежат и проветрят головы.

Банальность извилин нашей парочки бесповоротно хоронит надежды на тайну и «душу».

Этого добра и не жалко.

Плохо другое.

Дьявол и его оппонент были последним шансом уклониться от написания этого трактата.

Зачем он нужен, если есть крепкая, уважаемая доктрина, которая все объясняет?

Согласно ей — гениальность имеет сверхъестественное происхождение. И она не расковырябельна скальпелем.

Нечего в нее и лезть с детерминизмом и физиологией.

Как и в сам мозг.

Согласно этой доктрине, беспроводной Иисус просто принимает вайфай небесный.

Приемником, в принципе, может служить любая часть его тела. Не обязательно мозг.

Такая же история с Сатаной.

Оба могут раздать этот вайфай по своему усмотрению.

В награду либо за очень плохое, либо за очень хорошее поведение.

Благодаря этой практике и функционировали такие устройства, как «Л.Д. ВИНЧИ», «И. Кант», «И. Бах», etc.

На гениальности можно было бы поставить печать «ignoramus et ignorabimus» (не знаем и не узнаем) и успокоиться.

Но нет же!

Простое вскрытие черепов самых матерых «гениев» похоронило надежду соскочить с этой темы.

Все оказалось очень даже «расковырябельно». И эволюционный путь «гениальности» вычислить придется. Как и ее подлинную природу.

Это муторно, но не сложно.

Удивительно, почему еще никто этого не сделал?

Только потому, что данным вопросом некому заниматься. Науке, разумеется, он не по зубам.

Конечно, она могла бы подбросить новые вводные. Но даже простая добыча фактов по теме приостановлена. «Рудники» выработаны. Основная фактура извлечена и пущена по рукам. А научные гномы выродились и стали совсем малютками.

Три дисциплины, питающие нашу тему, т.е. антропология, палеоантропология и физиология мозга вышли из моды еще в 70-х годах XX столетия. Как и полагается, их сдали в академический утиль.

Конечно, кто-то в них еще скребется, но без «огонька» и всякого результата. Что не удивительно. Ведь годы труда тут вознаграждаются только аноректальным геморроем.

Глава II

ПОЖАР В ТЕАТРЕ УСЛОВНЫХ РЕФЛЕКСОВ

Итак.

Гениальность, как была не научным понятием, так им и остается.

Именно по этой причине ее корректного определения не существует. Как и строгих критериев.

Гениальность — скандальная и скользкая категория. Истинный тверк мозга.

Пользуясь широтой этого термина, пантеон гениев человечества переполнен поющим и кривляющимся сбродом. От генералов до композиторов. Они считаются гениями и образуют касту существ, успешность которых не имеет рационального объяснения.

Роль этого сброда в культуре человечества чрезвычайно важна.

Во-первых, гении своими симфониями и формулами повышают общий престиж рода homo. Точно так же, как пуделя-медалисты поднимают авторитет всей своей породы.

Самый шелудивый песик всегда может кивнуть на сверкающие пуделиные ордена. И дать понять, что по праву рождения и он имеет к ним прямое отношение.

Такая же история и с людьми.

Благодаря наличию гениев самые беспросветные тупицы утешаются тем, что принадлежат к умнейшим существам.

Помимо всего прочего, в слове «гениальность» зашифрована и дерзкая мечта: когда-нибудь свернуть шею дарвинизму и аннулировать тот приговор, что вынесен человеку теорией эволюции.

(Будем откровенны: нет теории, которую человечество ненавидело бы сильнее, чем творение Ч. Р. Дарвина.)

Со скрипом и бесконечными оговорками homo согласился на признание своей животной родословной. Но при этом он никак не может смириться с тем, что и его мозг имеет такую же неаппетитную историю, как и весь остальной организм.

А гении, самим фактом своего существования, позволяют жить грезам о еще не открытых «тайнах разума», о том, что все «не так просто», как это очертили Чарльз Роберт Дарвин и Иван Петрович Павлов.

В культуре «гении» играют ту же роль, что в религии исполняют святые. Они — позвонки той хребтины, что позволяет мифу о человеке сохранять величавую осанку.

Для множества людей гениальность — это очень важная и болезненная тема, позволяющая сохранять веру в человека и его высочайшее предназначение. А также в «личность» и «индивидуальность».

Гениальность лучше бы не трогать холодным скальпелем.

Но! Наличие «неведомых свойств» ставит под сомнение представление о происхождении и развитии мозга человека.

А вот это обстоятельство, увы, отменяет всякую деликатность в отношении данного вопроса.

Как узнать природу явления?

Для этого надо, в первую очередь, вычислить его происхождение.

Это элементарно.

От конечного результата надо просто спуститься вниз по цепочке эволюционных событий до самого «анцестрального» зернышка, из которого все и выросло. Оно есть всегда.

Приведу самый простой пример.
Выясняя происхождение «Боинга» 737, мы просто включаем обратный отсчет тех открытий и изобретений, которые привели к сегодняшней кондиции самолета.

Начинаем спуск. Разумеется, пропускаем все штатные модели самолетов до трипланов начала XX века и паролётов Уилкинса XIX-го.

Доберемся до орнитоптеров Буратини XVII-го столетия.

От них закономерно спустимся еще ниже, к ноголётам эпохи Возрождения, а потом и к махолётам короля Бладуда.

Ещё чуть ниже обнаружится Архит Тарентский с его ручными леталками.

А совсем глубоко забурившись в века, мы, наконец, упремся в набор рваных кож и палок на трупе первого безумца, решившего помахать крыльями над пропастью.

Строго говоря, и этот безызвестный мертвец не будет той самой анцестральной точкой.

Он — лишь нижний рубеж человеческих попыток. Всего лишь прадедушка Боинга. Но никак не первопричина самолета.

Настоящая же точка начала родословной лайнера находится значительно ниже по временной шкале.

Так что дальнейший спуск пойдет по перьевым и кожистым крыльям птиц, птерозавров и летучих мышек.

Затем по перепонкам летающих лягушек и прозрачному хитину меганевр.

Потом — по плавниковым расширениям рыб. За рыбами спуск уйдет в глубины первичного океана, пока не упрется в истинный, весьма неожиданный прообраз.

К счастью, свою эволюцию имеет все без исключения. Как на планете, так и во вселенной.

И все имеет вычисляемую анцестральную точку.

Такая же история с гениальностью.

Ее штаб-квартирой, несомненно, является головной мозг.

В этом легко убедиться, просто пошалив обычным миксером в извилинах, например, сэра Исаака Ньютона.

Миксер может за пять минут переделать его в обычного идиота.

Уважаемого Исаака больше никогда не будут волновать ни гравитации, ни аберрации.

Но!

Это будет эффектный, но бессмысленный эксперимент.

Конечно, мы получим некоторое количество мозгового мусса.

Но этот деликатес не ответит на наш главный вопрос: гениальность была порождением этих извилин или их случайной гостьей?

Бывает ли особенный мозг, потенциал которого существенно сильнее, чем у других особей homo?

Для того чтобы решить эти загадки, для начала следует разобраться с тем, что такое мозг.

После этого можно будет начать спуск по вехам его эволюционной биографии.

Глава III
ЗАДНИЦА-2

Первые анатомы называли полушария мозга совсем даже не «гемисферами», как это принято с XVII столетия по настоящее время, т.е. не полушариями.

Гален, Герофил и Эразистрат именовали их «клюнибусами».

То есть ягодицами.

Обнаженный мозг напомнил античным живорезам старую морщинистую задницу.

Вероятно, ассоциация возникла из-за прямого разрезика, который делит этот почтенный орган на половинки.

Так или иначе, но самое первое впечатление оказалось и самым верным.

Только имея в голове задницу-2 можно было нажить такую неаппетитную историю и получить столь жалкие (на данный момент) результаты развития вида.

Марсоход и БАК, конечно, милые штучки. Но являются ли они лицом людской цивилизации?

Безусловно, нет. Это лишь вишенки на большом торте из Освенцимов и сериалов.

Наши марсоходные вишенки можно положить на его глупую глазурь, а можно и снять. Торт этого даже не заметит.

Да, сам человек пребывает в полном восторге от собственных достижений. (Они представляются ему грандиозными).

Homo восхищается своим мозгом, гордится мумиями, ракетами и газировкой. Он уверен в наличии «внутреннего космоса», «души» и уникальности каждого человека.

Конечно, он мастерски обманут. И это не удивительно.

Примерно 5200 лет назад в Междуречье запустилась хронология цивилизации. Одновременно с ней включился и генератор мифа о «тайне» человека.

Генератор тарахтит до сих пор, непрерывно обновляя галиматью шумерских графоманов.

В сказании о Гильгамеше, в самом первом опусе человечества, разумеется, рулили демоны и владыки, но и высшее предназначение homo тоже прощупывалось.

Откуда вообще взялась эта первичная, шумеро-аккадская ахинея?

Поясню.

Изумления появились задолго до клинописи Междуречья. В лесах, саваннах и пещерах. Всюду, где шныряли первичные стаи людей.

Землетрясения, сели, эхо, оползни, гейзеры, обычные и шаровые молнии, внезапные удачи и трагические случайности совсем игнорировать было сложно. Они озадачивали даже homo.

Сильно удивляться он еще не умел, но некоторые недоумения возникали. Их надо было хоть как-то, но удовлетворять.

Предложить их правильные объяснения мозг, разумеется, не мог и, по своему обыкновению, плодил забористые химеры. Те скапливались и зудели в первобытных черепах.

Вопросы и ответы такого же качества, вероятно, возникают даже у гиппопотамов. Но те не имеют возможности их обсудить и передать свои понимания детям.

А хомо уже мог. Ведь как только речь закрепилась в обиходе — ей тут же нашли самое извращенное применение.

Естественное слабоумие людей того времени и не могло не породить богов.

А также наборы тех нелепых представлений, которые всегда идут с богами в комплекте.

В этом не было бы ничего страшного. Но, увы, существует закон «занятого места», когда пришедший первым, остается вечным хозяином.

Так и получилось. И с богами, и с рабами, и с храмами.

Так что нет ничего удивительного в том, что 99,9% отпущенного ему времени, род homo потратил не на развитие, а на бесконечное скитание от одного бога к другому, на массовые убийства и культовые практики.

Это случилось именно потому, что Шумерам досталось наследство в виде чисто пещерных представлений о реальности.

Именно из них они и слепили первый образ мира. А царапая палочками по глине, к сожалению, нашли способ его записать.

Напомню, это было до всякой науки. Поэтому образ получился концентратом удивительной идиотии. Но, не имея конкурентов, он прижился и стал основой общечеловеческих ценностей.

За следующие 5000 лет полчища гуманитариев в тогах, жабо и бейсболках довели клинописные бредни до совершенства.

Появились тысячи романов, поэм и сериалов. Высеклись саркофаги, нарисовались картины, изваялись статуи, распялись боги.

Мастерство золочения первобытной глупости достигло совершенства.

Украсившись рифмами и самоцветами, глупость стала называться культурой и приобрела статус невероятно важного явления.

Культура, в общем и целом, сохранила черты шумерской галиматьи, но повысила ее наркотичность.

И повышает регулярно, ибо то, что сладко туманило мозги XII века, плохо работает в XXI.

Что такое культура?

Несомненно, просто в силу своего происхождения, это ложь как о человеке, так и мире.

Это и отличный способ достигнуть легкого, но пронзительного ИСС, т.е. измененного состояния сознания.

Принцип действия культуры неизменен, но упаковка и концентрация могут варьироваться.

Даже однократная доза этого галлюциногена, сделанного из истории, религии и искусства, позволяет любому homo ощутить свою персональную значимость.

А также тот факт, что в его мозге квартирует «внутренний космос», «душа» и другие загадочные аксессуары.

Культура льстит. Она рисует человека, как сложное существо, имеющее иррациональное и несколько сверхъестественное происхождение, обладающее некой «личностью» и абсолютной индивидуальностью.

К сожалению, ничто из этого не является правдой.

Да.

К счастью, существует и вытрезвитель. Ведь усилия 125 зануд не пропали даром.

Там, где начинаются знания о мозге, заканчивается власть искусства, религии и истории.

С богов и героев облезает позолота. Рушится навязанное культурой самодовольство.

Обнажаются подлинные корни рода человеческого. А также факт отсутствия как «тайны», так и «исключительности».

Да, изучение человека обязывает изучать и его культуру. Но делать это следует так же хладнокровно и отстраненно, как врач делает анализ кала. Смысл, несомненно, есть. Ведь выделяемое всегда правдивее выделителя. Тут самое главное — не увлечься запахом изучаемого субстрата и не «подсесть» на него.

Глава IV

ДЕТИ УЖАСА, ВНУКИ КОШМАРА

Представим себе виварий, где в лабиринтах клеток, террариумов и аквариумов томятся все виды животных Земли. От бурозубок до синих китов.

Все они несчастны и все обречены на убой. Все всхлипывают, воют, жалобно пыхтят. Все просятся «на ручки».

У вас есть право спасти только одно существо, став навеки его опекуном.

Необходимо сделать выбор. Он не прост.

Разумеется, кобра, крокодил или тигр будут не самыми удобными питомцами. Это бесспорно.

Все твари Земли в той или иной степени опасны.

Но все же самым худшим выбором будет homo.

Так что смело идите мимо клетки с человеком. Даже не поворачивая головы в ту сторону. И не реагируя на жалобные крики.

Да, кобра и крокодил могут убить и сожрать благодетеля.

Но то же самое может сделать и человек.

Однако кобра не настрочит на своего спасителя донос. А крокодил не впишет свое имя в завещание.

Следует понимать, что 99,8 % реальной истории человека пришлось на т.н. плейстоценовую эпоху, начавшуюся 2,5 миллиона лет назад и завершившуюся совсем недавно.

Именно плейстоцен и воспитал homo. Он же наделил его базовыми качествами: лживостью, конфликтностью, истеричностью и вороватостью.

За пару миллионов лет этот набор свойств удалось довести до полного совершенства.

На планете нет животного, которое превосходило бы человека хоть в одном из упомянутых качеств.

Но ничто другое и не смогло бы тогда обеспечить выживание человека.

Сравнительно с другими тварями эпохи — он был драматически слаб. А наилучшим компенсатором слабости является подлость.

Эволюция грустно вздохнула, но снабдила и ею. На всякий случай отмерив раз в пять больше необходимого.

Если бы homo формировало «розовое» пространство, где живность бренчит на арфах и шлет друг другу воздушные поцелуи, он, конечно, был бы совсем другим.

Но его сотворил мир оскаленный и подлый. Непрерывно жрущий и унижающий друг друга на всех этажах биоценоза.

Шумерское время получило уже полностью готовый продукт. Что-либо менять в нем было уже поздно.

Возможно ли вычислить образ того подлинного человека, который и стал творцом цивилизации?

Легко!

Но для этого необходимо отключить культурологический пафос, снести к черту все мифы антропологов – и спокойно рассмотреть нашего стайного трупоеда, только как обычное животное.

Но!

Зайдем на вопрос несколько неожиданным образом. Так все будет гораздо понятнее.

Для начала нам понадобится кусочек пустыни Калахари, стая пятнистых гиен и умеющий свистеть наблюдатель.

(Наш наблюдатель, разумеется, абсолютно абстрактная фигура.)

В дельте реки Окованго шныряет множество гиенских банд по 20-50 особей. Там же располагаются и их лежки.

Здесь придется двумя словами обозначить главные свойства этих кошкообразных.

Начнем с главного.

Пятнистые гиены, как правило, пятнисты.

По сути, это и все, что надо о них знать.

Но есть и некоторые нюансы, которые тоже могут пригодиться для лучшего понимания не только гиенской, но и человеческой природы.

Языком общения гиен служат звуки, напоминающие хохот доброго шизофреника. А также оскалы и позы.

Впрочем, «хохот» и мимика транслируют лишь самые грубые смыслы.

Нюансы же передаются через ароматы. В районе ануса скомпонованы железы, творящие очень информативную вонь.

Просто приподняв хвостик и чуть поднатужившись, гиена набором запахов декламирует «поэму» о своих страстях и печалях.

Вонь, кстати, превосходный коммуникатор. Убедиться в этом можно на фестивале французских сыров. Сыроделы обмениваются запахами своих изделий точно так же, как гиены продуктами анальных желез. И без слов доводят друг друга до слез или хохота.

Все костедробящие гиениды адски конфликтны.

Пятнистые не исключение. Они вспыхивают и грызутся по любому поводу, но стайность вколочена в их геном. Лишившись общества, они грустят и дохнут.

Что же так связывает этих тварей?

Гиены не оригинальны.

«Клей» их социальности, в основном, сделан из похоти, злобы и страха.

Но важным фактором является и взаимная ненависть.

В этом нет ничего удивительного: чем конфликтнее животные, тем выше их потребность жить вместе.

Ведь скандальность нуждается в постоянной реализации. Тут коллектив незаменим. Только он и дает возможность полноценно и регулярно ненавидеть себе подобных.

Сближает и голод.

В тяжелые времена наличие «ближних» особенно важно, так как «ближний» — самая легкая добыча. А стая — это живой запас еды.

Конечно, собственные малыши — последний пункт в гиенском меню, но иногда дело доходит и до них.

Поясним и связующую роль похоти. По эффективности ее следует все же поставить на первое место.

Сочные вульвы «в ассортименте» — лучший социализатор. Именно их пульсация создает стаи, а очередность «присовывания» творит общественные отношения.

Так или иначе, но глупейшую необходимость болтаться по саванне в поисках «половинки» фактор стаи, в принципе, исключает.

Довольны и дамы. На них всегда нацелен десяток крепких пенисов, и вдовство превращается в мимолетную формальность.

Бесспорно, возможность «присунуть» — это прекрасная «скрепа».

Но! Не хуже разврата связует и страх.

Поодиночке гиены трусливы, а сложив свои двадцать

трусостей — легко сжирают льва.

Конечно, падаль лучше. Она не лупит копытами и не огрызается. Рыться мордой в протухших кишках приятнее, чем носиться по пустыне за глупой зеброй.

Но хорошая дохлятина на дороге не валяется. Особенно в Калахари. Группировки грифов и марабу, а также полки термитов частенько осваивают ее раньше гиен.

И пятнистым приходится атаковать антилоп, жирафов, львов, etc.

Завалив добычу, гиены сразу начинают ее есть, не дожидаясь ни смерти жертвы, ни ее «последнего слова».

Да и своих раненых сородичей они никогда не бросают, а доедают на месте.

Наш наблюдатель свистит — и к нему поворачивается (примерно) двадцать гиенских рож.

В желтых пронзительных глазах нет даже намека на самую простую «мысль».

Несмотря на то, что у гиенид есть чему поучиться, никакой «рассудок» в них не просматривается. Эмоции просты. Всеми помышлениями правят голод и раздраженье.

Все объяснимо.

Пятнистые замкнуты в «пожирательно-размножительный» механизм саванны.

Их приспособленность к среде абсолютна. Поэтому нет никакой необходимости добавлять что-нибудьновенькое в их набор рефлексов. И невозможно предположить, что гиенских внуков будет волновать гравитационное линзирование или красота закатов над Окаванго.

А теперь отмотаем время на пару миллионов лет назад.

Мы на том же самом месте. Но теперь перед нами не

гцениды, а ранние homo. Наши прадеды.

На тот момент — дно животного мира.

Homo — тоже падальщики. Тоже — свирепые, прожорливые и похотливые.

Все, что было сказано о гиенах, в высшей степени применимо и к ним.

Впрочем, в отличие от гиен, им досталась эпоха огромных трупов.

Мы помним, что плейстоцен был веселым и сытным временем.

Кровавый механизм отбора работал гораздо интенсивнее, чем сегодня.

Сотни пещерных львов и гомотериев ежечасно кого-нибудь рвали. Копытные пороли друг друга рогами, а хоботные затаптывали. Умирали с огоньком. Цеплятельство за жизнь было не в моде. «Эволюционный долг» еще не был пустым словом, так как мутации и перетасовки генов требовали энергичной смены поколений.

Конкуренция за падаль, конечно, была.

Но! Травоядные персонажи плейстоцена, в основном, были так велики, что без лишних скандалов делились между всеми падальщиками саванны.

К примеру, возьмем труп дейнотерия.

Этим архаичным слонишей могла одновременно угоститься тысяча мертвоедов.

Разумеется, хоботок, язычки и гениталии доставались хищникам-убийцам. Но остальные 10 тонн слонятины доедали некрофаги.

Конечно, некая очередность доступа к телу соблюдалась. Отметим, что она была взаимополезна.

Поясним.

Шкура того же дейнотерия не прогрызаема для homo. Тем более дейнотерия, поднадутого трупными газами. Хилые ногти человека и его щербатые камушки в этом случае бессильны.

Чтобы получить доступ в сытные глубины туши, homo пропускали вперед зубастых и клювастых коллег. Те прогрызали или проклевывали в коже отверстия, открывая людям путь к внутренностям.

Это не было умышленным разделением ролей. Или взаимной галантностью. Отнюдь. Всего лишь простая субординация, основанная на мощности челюстей.

Прадеды умели дожидаться прогрызов шкуры и насыщения особо опасных прогрызателей. Выяснять отношения с мегаланиями и марабу они, разумеется, не решались.

Конечно, первый этап процесса был не быстрым. Да, все могло протухнуть и даже подгнить.

Но такие пустяки, как опарыши, еще не портили людям аппетит.

Homo хорошо знали свое место и благодарно вжирались в любую тухлятину. Дождавшись своей очереди, пускали в ход камни и зубы, постепенно закапываясь в мясо, пробираясь в брюшную полость и подреберные пространства. (Те образовывались за счет посмертного опадения легких.)

Глава V

ПАДАЛЬЩИК — ЭТО ЗВУЧИТ ГОРДО

Следует помнить, что ранний человек никогда не был охотником.

Что такое «охотник»?

Это, в первую очередь, хищник, имеющий все биологические свойства и приметы хищника (корнивора).

Эволюция четко метит касту головорезов особой конструкцией зубов, когтей, мышц, спецификой зрения, желудка и кишечника.

У человека нет (и никогда не было) ни единой морфологической приметы хищника. Достаточно сказать, что мышечный аппарат тех челюстей, который должен обеспечить укус, захват и разрывание добычи, у человека скромнее даже макакского в 8 раз. (Простое откусывание даже собственного пальца — почти неразрешимая задача для homo).

Убийца? Да.

Истерик? Несомненно.

Но никак не хищник.

Хищником нельзя стать «со временем». И нельзя до него дослужиться, просто наращивая скандальность.

Мерзкий нрав бегемота — не пропуск в хищники. Да, он может при случае прикончить в своей трясине антилопу. Но это не переведет его из отряда свинообразных в другую биологическую касту. Более того, самые агрессивные животные — это как раз не хищники. Злодейский список открывают африканские буйволы, продолжают кабаны, слоны, бегемоты, малайские медведи и носороги, а завершают пчелы.

Как видим, «агрессия» и «хищничество» отнюдь не синонимы.

Откуда взялся миф о homo-«охотнике»?
Поясним.
В XIX веке Чарльз Роберт Дарвин макнул гордый лик человека в его древнее эволюционное дерьмо.

Если бы оно принадлежало эффектному динозавру — люди, поскрипев, смирились бы со своим животным происхождением. Им всегда льстила сопричастность к всевластным мерзавцам прошлого.

Но дерьмо оказалось обезьяньим. Разумеется, такая теория эволюции никому на фиг не была нужна.

Человек обиженно завыл.

5000 лет он морочил себе голову, рисуя свое происхождение от богов и героев, а его реальной бабушкой оказалась обезьяна, грызущая собственную вшу. Более того, бабушка сама служила кормовой базой ленивых хищников.

Конечно, это было больно. Дарвиновская пуля попала в самое яблочко нарциссического мифа о человеке.

Ситуацию надо было хоть как-то спасать. Поэтому культура поднатужилась и пририсовала позорной бабуле каменную «берданку».

Наука робко похихикала в кулачок, но связываться с всевластной культурой побоялась. Так глупейший миф и прижился.

Произошла лукавая подмена.

Систематически убивать других животных homo научился только в самый последний период своего развития, в позднем неолите (это не более 30 тыс. лет назад).

Первичные технологии дали ему эту возможность, но... не сделали корнивором.

Поясним.

Револьвер в лапе не делает мартышку хищницей. Он делает ее просто опасной мартышкой.

Так и в нашем случае.

Технологии не повысили биологический статус человека. Все осталось на прежних позициях.

Просто наш стайный трупоед получил возможность убивать и начал ею пользоваться.

В принципе же, homo никак не является ни «охотником», ни «добытчиком». Он — падальщик.

Даже его PH не имеет ничего общего с индексами кислотности хищников. Он идентичен индексу черноголовой чайки, опоссума и других любителей тухлятины.

Эволюционно данный вид сложился, скорее, как «покупатель», готовый платить за право доступа к добытой кем-то еде.

Чем платить?

Как и все прочие стервятники — рисками отравления, временем ожидания, обильным падежом или коррозиями организмов. И, как следствие — дырами в популяции.

Впрочем, это и так понятно.

◆ ◆ ◆

В каждом крупном трупе всегда заводилась стая людей.

Потревоженные, homo на секунду высовывали из дыр темные кожистые морды — и сразу ныряли обратно.

Полагаю, разглядеть их было не просто, так как туша накрывалась многослойными тучами грифов, сипов, рогатых ворон, шакалов, сцинков, крыс и слепышей.

Вся эта плейстоценовая шушера оглушительно визжала, выла, чавкала, каркала и колотила крыльями.

Отметим, что в этой адской опере люди не были солистами.

В иерархии падальщиков саванны выше человека стояли не только мегалании, но даже марабу.

Присмотримся к поведению homo.

Позировать для нас им некогда.

Они торопятся кромсать и жевать. Посему гадят и мочатся тут же, не вылезая из трясущейся туши.

Спешка оправдана: со всех сторон лезут клювы и пасти любителей слонятины. (Теперь, когда полости открыты, а мышечные пласты вздыблены — труп дербанится с космической скоростью.)

Отметим, что мы наблюдаем животных, уже имеющих почти все окончательные родовые признаки человека. Это вам не первичные парантропы. Это полноценные homo.

Их мозг разросся и перешел т.н. «рубикон Валлуа». Челюсть сложилась в параболическую дугу, а бедренная кость сориентировалась внутрь, а не в сторону, как у обезьяны. У этих падальщиков все в комплекте, от хождения на задних конечностях, до зубристых камешков в лапах.

Как мы отметили выше, человек плейстоцена являлся готовым эволюционным продуктом.

Анатомически и физиологически он был завершен. Мозг, геном, набор органов, рецепторы — все представлено в окончательной комплектации.

Конечно, хотелось бы уменьшить мясистые надбровья этой твари, приподнять плоскую переносицу и облагородить кожу.

Нуждалась в корректировке и очень обезьянистая мимика.

У человека той эпохи почти все чувства изображались посредством изменения формы огромного рта, демонстрацией зубов и языка.

Людям еще не пришло в головы кого-нибудь сжечь, но вполне «человечьими» стали и глаза: обозначились белки.

Правда, взгляд их так же безмысленен, как у сегодняшних гиен.

Конечно, люди истеричнее пятнистых, а лицевые мышцы побогаче, поэтому и мимика сочнее. Но, по большому счету, отличием от гиенид является только дикая вонь фекалий и голомордость.

Как и их пятнистые коллеги, homo умели сколотить коллективчик. Но совсем не по причине стремления к родовому единству.

Причины социализации были те же самые, что и у гиен. Магнитом, собирающим людей в стаи — служили голод, страх и пульсация вагин.

Как и у гиен, общение людей происходит через рычанье, смех, мимику и позы.

Им пока не нужна речь. Она появится позже, вместе с потребностью в более изощренной лжи.

Но на тот момент все, что люди могли соврать друг другу, легко помещалось в ворчания, визги, хохот и гримасы.

Впрочем, назвать плейстоценового человека лжецом было бы некорректно.

Он был способен и на правду.

Она передавалась через мочевые метки и рыгание, а также через потовые и вагинальные выделения.

Этот язык примерно равен гиенскому, т.е. вполне пригоден для передачи самой актуальной информации.

Балет (к примеру) пользуется еще меньшим набором коммуникаторов. В нем запрещено даже визжать и сильно пахнуть.

(Если помните, правила балета разрешают артистам

только подпрыгивать и кружиться. Тем не менее, участники «Лебединого озера» принца от лебедя как-то отличают.)

Тех особей, что чавкают в недрах дейнотерия, мы, конечно, не разглядим.

Но, по счастью, возле туши помочилась какая-то самка.

Эта лужица, разумеется, собрала возбужденных подростков.

Они жадно внюхиваются в мочу, толкаются, визжат и мастурбируют. Примечательно, что при визге их рты раскрываются так широко, что видна даже нёбная занавеска.

Да! И, конечно, завораживает подвижность их черных мясистых ушей.

По идее, все готово для первой рэп-композиции. Или сериала о подростковой любви.

Но!

Наш абстрактный созерцатель вряд ли согласится со столь оптимистичным выводом.

Напомним, наблюдатель безнадежно объективен.

Его оценка не замутнена приязнью, антипатией или знанием конечного результата.

Так вот.

Его резюме о потенциале человека прозвучало бы примерно так:

«У этих существ нет никаких перспектив усложнения поведения. И нет ни малейшей надежды на выход из своей жалкой «ниши». Разговор о каком-либо интеллектуальном развитии данных существ, по меньшей мере, неуместен и не имеет никаких оснований».

На тот момент это резюме будет абсолютно справедливым.

Homo плейстоцена, действительно, ничем не отличается от прочих падальщиков своей эпохи. (Или от современных нам гиен.)

Те же повадки, что и у них. То же звериное безмыслие.

По сути, homo — это рядовое животное, стайный плиоценовый трупоед с ограниченной способностью к выживанию. Да, его форма своеобразна, но саванна видела тварей и позатеистее.

Конечно, у него есть особенности, в том числе и забавные.

Но есть ли у него надежда заменить возбуждающую лужу мочи на порно-сайт?

Есть ли у него шанс когда-нибудь мастурбировать с большим комфортом?

Возможно, такой шанс и есть. Но вероятность того, что бобры изобретут бензопилу — несколько выше.

Как бы пристально не вглядывался наблюдатель в гримасы и грязную шерсть плейстоценового человека — он не увидит у этих животных шанса когда-нибудь подтереть свои задницы.

Не говоря уже о таких радостях, как суши и Эйнштейн.

Более того. В тот момент не было никаких оснований предполагать, что потомки этих тварей в драке за падаль смогут конкурировать хотя бы с марабу.

Однако невозможное произошло.

Кто был ничем, тот пьет «Клико». А бедному марабу в супермаркете нечем заплатить даже за собственные яйца.

О чем говорит это простенькое наблюдение?

О том, что у многих животных есть некое уникальное свойство, развитие которого может вывести их вид к изобретению туалетной бумаги. Или открытию квантовой механики.

Но! Разглядеть это свойство, пока животное вписано в свою среду и живет по ее законам, практически невозможно.

Более того.

Эта символическая стая — исходная точка истории и культуры человека. Некая сингулярность homo. В ней заложено и сконцентрировано все будущее этого существа. От красных ассирийских бород — до газовых камер Освенцима. В прищурах стаи притаился ядерный гриб Хиросимы, а в улыбочках — «Мулен Руж».

Как и подобает всякой сингулярности, в тот момент стая неразличимо мала в пространстве Земли.

Но пройдет время.

Сингулярный нарыв созреет. Мимолетная придурь эволюции обеспечит «большой биологический взрыв» и затопит человеческой материей планету.

Да! Эта смесь Иисусов, круассанов, Гитлеров, томографов и Галилеев станет выглядеть пестро и богато.

Создастся иллюзия новой реальности с новыми свойствами.

Но ничего нового в ней не будет. Смысловой субстрат цивилизации людей будет сделан из тех же самых элементов, из которых состояла и первичная стая.

В карикатурном варианте повторится процесс создания Вселенной.

Если помните, в ней тоже раскрылись лишь потенциалы, заложенные в сингулярности. И ничего больше не прибавилось. О чем с благородной грустью и сообщает периодическая таблица элементов.

Да.

Пройдут миллионы лет, но в спектакле с эффектным названием «homo sapiens» поменяется только реквизит.

Вымрут глиптодоны и пещерные львы. Как геологическая эпоха, плейстоцен завершится, но в человеке и его повадках — он останется навсегда.

Можно заглянуть в любой день любого столетия человеческой истории. Хоть в V век, хоть в XXI.

Не важно.

Мы везде увидим родные рожи первичной стаи, узнаем ее мимику и смех.

К примеру, Рим, 1660 год. Площадь Цветов (Кампо дей Фиори).

Февраль, 17-е. Утро.

Все очень живописно.

Рясы, ветер и хоругви. Носатые кардиналы в алом. Маленькие кастраты из церковного хора мастерят поленницу.

Все в предвкушении великой развлекухи.

Доминиканцы готовят к сожжению Джордано Ноланца (Бруно), автора «О бесконечности, вселенной и мирах».

Еретик вниз головой висит над дровами. Он крепко связан и обнажен. Огня еще нет. Монахи ножами разжимают челюсти Джордано. Пальцами лезут в изрезанный рот, ловят язык. Перед сожжением его надлежит проткнуть спицею.

Философ свирепо кусается.

Монахи орут от боли и дуют на пальчики, счастливая толпа ревет и хохочет. Бубнит хор. Молятся озябшие кардиналы.

Схватка за язык кончается тем, что Бруно выбивают зубы поленом, и язык все-таки вытаскивают и протыкают.

Затем — огонь. Ноланец быстро покрывается ожоговыми пузырями, кардиналы греются и сплетничают.

Как видим, наша стая похорошела и приоделась.

Имеет смысл преодолеть застенчивость и признать простой факт. О ком бы из людей мы не говорили — об Архимеде, Чикатило, Гейзенберге или Сталине — мы всегда говорим об отмытом и костюмированном питекантропе.

Слово «человек» воспринимается, как сверкающий титул.

Культура напихала в это понятие все те достоинства, которые возносят «homo» над другими животными.

Трудно придумать что-нибудь глупее.

Ведь если мы кинем клич по всем векам и континентам, если поднимем из могил всех палачей, убийц, инквизиторов, садистов, преступников, опричников, маньяков, вандалов, генералов, отравителей, насильников, диктаторов, гангстеров, гладиаторов, расстрельщиков, садистов, бретёров, террористов, бандитов, брави, крестоносцев, революционеров, потрошителей, концлагерщиков, гайдуков, пиратов, мафиози, отравителей, диктаторов, ассасинов, бомбистов, педофилов, сикариев, людоедов, медиков-преступников, бьерсерков, чекистов, маори, хускерлов, гестаповцев, дикарей живодеров и так далее — то мы получим неоглядную толпу, как минимум, в пять миллиардов особей.

Все они по обязанности или по «зову сердца» профессионально убивали, насиловали, резали, сжигали, душили, топили, пытали и т.д.

Это будет истинное бесконечье задрызганных кровью, ухмыляющихся рож.

Но все это будут «люди». В самом полном смысле этого слова. Ни у кого нет права отобрать у них это звание. Численность и влиятельность гарантирует «убивателям» важнейшее место в истории рода homo и право представлять «человека», как эволюционное явление.

Впрочем, войны были не менее популярны, чем преступления.

Все армии, начиная от Междуречья до нацистов Гитлера и путинской орды — это тоже многие миллиарды «людей», для которых поджоги, изнасилования и массовые убийства были смыслом жизни и обязанностью. Кстати, именно они и были основными вращателями шестеренок истории.

(Сюда же следует приплюсовать и всю «рыцарствующую» публику: самураев, викингов, кондотьеров, ганфайтеров, янычар, катафрактариев, конкистадоров, ландскнехтов и прочих романтических мерзавцев. Не все они были преступниками, но и их ремеслом было исключительно производство трупов.)

Столь же представительным будет и сонм воров, воровок и проституток. На наш зов и тут откликнется не меньше 5 миллиардов особей хомо. Мы увидим жуликов, мошенниц, грабителей, аферисток, карманников, шантажисток, сикофантов, кокоток, уркаганов, путан, плутов, даальсо, пройдох, клефтисок, расхитителей гробниц, зеев, гетер, кидал, жиганов, гейш, проходимцев, хапуг, шарлатанок, шлюх, шулеров, чуров, махинаторш, вымогателей, карманников-марвихеров, конкубин, клюшников, ростовщиков, подкидчиц, хипесников, домушников и т.д.

Но воровки и проститутки это еще не самое страшное.

Не менее пяти миллиардов всех фигурантов человеческой истории — это попы всех видов: жрецы, ламы, аббаты, монахи, ахуны, кюре, имамы, капелланы, ксендзы, игумны, муллы, спириты, раввины, кардиналы, шаманы, шамаши, пробсты, патриархи, схимники, исихасты, друиды, главари сект, авгуры, резники, etc, etc.

Эти тоже изредка убивали, но основные силы «попов» уходили на удушение развития человека, на блокировку науки и знаний о мире.

(Их тоже надо понять. Только полное безмыслие масс обеспечивало успешность религиозного бизнеса.)

Вся же остальная «историческая масса человечества» покорно обслуживала и кормила убийц, воров и попов.

Общими усилиями вся эта публика создала культуру, историю, да вообще всю архитектуру человеческого сообщества.

Конечно, ей нельзя было этого доверять. Но сегодня изменить что-либо в этой «архитектуре» практически невозможно. Она намертво вплавлена в рассудок хомо. Изъять ее можно только вместе с рассудком.

Скверные новости на этом не кончаются.

«Краеугольными камнями» человечества были не только злоба, похоть и вороватость. Все его глобальные «правила» основаны исключительно на донаучных, т.е. на полностью ложных представлениях обо всем. Ведь поступками и мыслями «строителей» мира всецело управляли «эйдосы» галлюцинаторного и фантазийного происхождения. Никакого отношения к реальности они не имели.

Как ни крути, но такое состояние маркируется известным диагнозом и определяется, как «тяжкое».

Здесь мы обречены сделать вывод: все, чем так гордится человечество — это результат усилий тех существ, которые по меркам клинической психиатрии никак не могут быть признаны здоровыми.

Увы и ах. История человечества строилась неадекватными персонажами, что определило стиль и содержание картин, поэм, соборов и прочих «пирамид».

Земная цивилизация базируется на патологии, бережно сохраняет ее основные черты и не имеет ни сил, ни желания преодолевать эту маленькую неприятность.

Был ли иной путь? Нет, его не было. Физиология человеческого мозга определила один-единственный возможный вектор развития.

Конечно, дело не только в мозге.

Не стоит сбрасывать со счетов и фашизм. Он стал «вечным спутником» и главным наставником человечества. Он же воздвиг все здание людской истории.

От времен неолита до первой трети XX века фашизм рулил миром, оставаясь безымянным. Свое имя он получил благодаря романтику Муссолини.

Бенито всего лишь возродил традиционную, классическую форму управления людьми. И получившийся кошмар назвал эффектным словом «фашизм».

Чуть позже фюреры и концлагеря сделали это словечко символом абсолютного зла. Понятие «фашизм» стало синонимом глобального, изощренного преступления. А также мрака, подлости и скотства.

Но!

За ничтожными исключениями вся хронология человечества является торжествующим и сочным «фашизмом».

Фашизмом было все. Но до поры до времени он считался не злом, а нормой.

Никто и не предполагал, что бывает как-то «иначе».

Никто не сажал на скамью «нюрнбергского трибунала» Аменхотепа III, Робеспера, Тимура, Моисея, папу Григория IX, Атиллу, Наполеона, да и сотни других «творцов мировой истории». А ведь каждый из них, кровавя континенты, мастерил свой «рейх», мало чем отличающийся от гитлеровского.

Гитлеру просто не повезло с эпохой.

На пять веков раньше за свои проделки Адольф получил бы почетное место в учебниках и барельеф в храме «вождей человечества». Рядышком с садистами Цинь-Ши-Хуанди и Карлом Великим.

Фашизм был не просто привычным, но и обязательным явлением. Никому и в голову не приходило, что это — «зло».

Геноцид был рабочим инструментом любой власти, а массовые убийства — бытовой нормой.

Но!

Свыше 5000 лет фашизм абсолютно всех устраивал.

Международные трибуналы не пугали организаторов Варфоломеевской ночи или крестовых походов.

«Молот ведьм» на протяжении столетий был бестселлером и основой права.

Христианство почти 2000 лет демонстрировало диктат, который и «не снился» ни германскому нацизму, ни русскому коммунизму.

Заглянув в любую эпоху, мы везде увидим все то, что сегодня маркируется ужасным понятием «фашизм».

Ничего удивительного. По-другому и быть не могло.

Топот легионов и прах концлагерей — это естественное продолжение истории питекантропов.

Но дело не только в «грязной» родословной homo.

Все еще забавнее.

Следует понимать, что т.н. «фашизм» — это не человеческое изобретение.

Все вещество вселенной подчиняется безжалостному закону организации материи. Этому закону чужды любые сентименты. Диктатура начинается с субатомного уровня и пропитывает собой все.

Чтобы о себе не навоображали homo, но и их популяция — не исключение.

Миллиарды тонн человечьего мяса сообщества людей — это тоже часть материи. И эта масса подчинена тем же безжалостным правилам, что и остальная «плоть» мироздания, от грибниц до галактик.

Так что «Фашизм» — это просто домашнее, «человечье имя» закона организации материи. Именно по этой причине он бессмертен.

Примерно пять тысяч лет фашизм был неощущаем, как «зло», пока не нарисовалась альтернатива.

Уместна аналогия со смрадом тела. До воцарения гигиены на вонь никто не обращал внимания.

А еще точнее будет сравнение с религиозной верой.

Мистический бред был нормой рассудка, пока не появился атеизм.

Глава VI

БРИЛЛИАНТОВЫЙ КИРПИЧ

Именно в первичной стае мы видим подлинное лицо человека, еще не покрытое гримом легенд.

Здесь же, в стае эпохи плейстоцена, содержится и ответ на вопрос о различии человеческих характеров и о наличии «индивидуальности» особей.

Увы.

Никаких «характеров» нет. Индивидуальностей, основанных на разности характеров, тоже, соответственно, нет.

Истеричными и агрессивными являются абсолютно все люди в равной степени. Это видовая черта. Просто одни особи могут себе позволить демонстрировать истеризм и агрессию, а другие — не могут.

Нет характеров, есть только обстоятельства. Одна и та же особь, в зависимости от ситуации, будет либо унижать, либо унижаться.

То, что называется «характером», это просто градиент статуса, актуальный на данную минуту. Не случайно ген характера так и не был обнаружен.

Генетики по этому поводу долго причитали и самобичевались. Они искали то ген, то комбинацию генов, но так ни черта и не нашли.

Этот поиск и не имел смысла.

Никакие «характеры» логикой эволюции не предусмотрены.

Конечно, есть набор особенных качеств.

Но! Он абсолютно идентичен для всех особей, составляющих вид или род.

Люди в этом смысле ничем не отличаются от косяка сайры или стада гну.

То, что им самим кажется существенными различиями — не является ни существенными, ни различиями. Это миражи, рожденные социальными играми и культурой.

(Гну, получив диплом психолога, тоже уверует в неповторимость каждой особи своего стада.)

Генетические колебания, разумеется, есть.

Они снабжают homo некоторыми внешними разностями и наследственными болезнями. Но ровно столько же геномных оттенков мы обнаружим и в косяке сайры. И ровно столько же «индивидуальности» отдельных особей.

Дело в том, что эволюция никогда не занимается штучной работой. И не обеспечивает каждое животное некой «неповторимостью».

Она оперирует только видами, родами, популяциями. Т.е. очень большими массами животных.

Увы. Индивидуальности в том смысле, который вложен в это слово культурой, взяться неоткуда.

В «неповторимости» каждой единицы рода нет ни смысла, ни малейшего преимущества. Ее наличие «рассыпало» бы стаю и обрекло ее на быстрое вымирание.

Более того. Никогда не смог бы сложиться язык, общий хотя бы для трех особей.

Индивидуальность — очередной культурный мираж. Люди абсолютно убеждены, что все они — разные. Неповторимые и уникальные.

Ничего удивительного. Вероятно, и сайра видит разницу в блеске чешуек соседок по косяку.

О да! Бывает, конечно, что у восемнадцатой сайры

слева на три чешуйки больше, чем у той, что справа. Да и корни грудных плавничков темнее.

Но различия в блеске вызваны лишь игрой освещения или его преломлением в воде. А количество чешуек вообще никакой роли не играет.

Биологическая «индивидуальность» как у сайры, так и у человека невозможна.

Все единицы, составляющие род, всегда являются клонами, и человек тут не исключение.

Индивидуальность — это всего лишь «отпечатки пальцев», которые среда и опыт оставили на особи.

Другая среда и другая судьба из того же самого биологического материала вылепят и совсем другую «индивидуальность».

Почему так?

Объясняю. Homo — очень уязвимая тварь.

Соответственно, и иерархия в человеческих стаях зыбкая и подвижная.

Дело в том, что любая дыра в любом боку — немедленно приводит в движение всю иерархическую лестницу.

Если дыра в чужом боку — то особь перемещается вверх. Если в своем — вниз.

Социальная роль каждого экземпляра многократно меняется. Задача — соответствовать абсолютно любому статусу.

Наличие закрепленного за существом уникального «характера» сделало бы это невозможным.

И обрекло бы такую особь на остракизм, беспомощность или смерть, а стаю — на распад.

Любой «природный» индивидуализм в стае homo столь же немыслим, как и в стае павианов или гиен.

Поясняю.

Только плотное, синхронное сообщество давало homo шанс выжить. Индивидуальность же неизбежно приговаривает своего носителя к нетипичному поведению. А оно смертельно для самой особи и разрушительно для стаи.

Никакой индивидуализм никак не увязывается с природой подлинного человека.

Ведь идеальное состояние стаи — это абсолютное единство, а по возможности и мурмурация.

Напомню.

Мурмурация — это способность животных-жертв сливаться в подвижные фигуры, способные пугать хищников размерами и мощью.

К примеру, тысячи европейских скворцов способны сложиться в грозную птицу размером с небо.

Как бы сладко это чудовище не пахло скворчатиной — никому и в голову не придет его атаковать.

Угрехвостые сомики знают, как они вкусны. Поэтому тысяча этих робких рыбок склеивается в сверлящего воду монстра. При встрече с ним даже акулы приседают в глубоком реверансе.

Умеют притворяться огромными грозными организмами гамбузии, кашмирские луцианы, крабы-пауки etc, etc.

Нет сомнения, что и люди плейстоцена в момент опасности или агрессии вели себя подобным образом.

Следы этого стиля отлично сохранились и в современном поведении человека.

Homo до сих пор склонны приврать о своей величине и страшности.

У них есть непобедимая потребность сбиваться в синхронно движущиеся огромные фигуры, вводящие в ужас недругов.

Это, конечно, еще то «наследие», но оно прекрасно работает и широко практикуется.

Присмотритесь.

На своих военных парадах люди мурмурируют еще убедительнее, чем скворцы в небесах.

Да и у греческих фаланг, крестных ходов, демонстраций, наполеоновских каре, олимпийских церемоний и бразильских карнавалов корни в том же древнем инстинкте, который делает чудовище из тысячи робких сомиков.

Мурмурация, кстати, находит немедленный отклик и в мозге.

Вовлеченность в любую «толпу» радикально меняет поведение и состояние человека.

А структурированная толпа, как фактор ИСС работает еще сильнее, чем хаотичная.

В ней начисто растворяется любая «индивидуальность».

Персональные взгляды и эмоции быстро исчезают, сменяясь коллективными. И это тоже — отголосок плейстоценового опыта.

Мурмурируя на параде, митинге или танцполе, человек сладко возвращается в стаю. Т.е. «домой».

Если и этого мало, то вспоминайте «эффект Уэлсли». У тесно контактирующих дам — синхронизируется менструальный цикл, а мантия Маркиони (выделяемый кожей слой жиров и кислот) приобретает полную химическую идентичность.

Это все отголоски времен, когда человеческая стая была сплавлена в единое целое. Из той же «оперы» болезненная зависимость от чужого мнения, вечный поиск единства, и патологическое пристрастие к «общению». Оттуда же растут ноги моды, конфессий, партийности, национализма и злобная нетерпимость к «внестайным» представлениям.

Более того, некая врожденная «индивидуальность» обеспечила бы уникальность не иллюзорного «внутреннего мира», а прежде всего — организма. Трансплантации органов были бы невозможны.

Впрочем, отсутствие биологической основы индивидуальности не так много значит.
Различия придут, но позже. Индивидуальность будет сделана из социальных ролей, одежды, религии, денег, знаний, пережитых болезней, etc.
Да-да. Это очень искусственная штука. И она целиком и исключительно создается лишь внешними условиями.
Сорванная тога лишает индивидуальность ее первой половины, сорванная кожа — второй.
Ростовые анатомические препараты, лишенные этих аксессуаров — все на одно лицо.

◆ ◆ ◆

Еще не наделенный индивидуальностью, подлинный, стайный хомо, щерясь, вглядывается в будущее, даже не предполагая, что оно существует.
Пройдет время, и это существо остепенится и затрещит про «доброту-красоту-и-честь». Оно перестанет есть тухлых слонов и начнет млеть от симфоний.
Оно придумает «совесть» и научится пудрить ею свои и чужие полушария.
Но, зная, что любое развитие — это просто возгонка первичных свойств — мы всегда вправе подмигнуть как поклонникам «совести», так и исповедникам «чести».
Впрочем, это все и так понятно.
Нас интересует другое.
Если гениальность является все же природным свойством некоторых homo, то и ее зачатки тоже находятся где-то здесь.
В головах сингулярной стаи.

Два миллиона лет назад под грязной шерстью на черепе человека уже налились и избороздились полушария мощного мозга. Его кора обрела шестислойность. А нейроны сплелись триллионами связей и сформировали все зоны, от «зрительных» до «речевых».

Да, этот мозг грамотно руководил организмом.

Он вовремя творил первичную мочу, открывал и закрывал поры, он сокращал мышцы и рулил еще тысячей функций, позволяющих организму передвигаться и размножаться.

Но ни на какое рассудочное действие, уровнем выше гиенского, он не был способен. В этом смысле слова нейронное устройство в черепе не работало и не производило даже самого примитивного продукта.

Видим, что все мотивации этих тварей примитивны, а поведение типично для всех животных. Ничто, кроме еды и размножения, их не беспокоит.

Сейчас, забравшись в протухшие слоновьи недра, homo урчат и рыгают.

Но бывают и иные обстоятельства. Тогда эти животные демонстрируют все, что в них было вложено за миллионы свирепых лет.

Разумеется, они убивают всех, кого могут убить. Но их возможности ограничены слабостью зубов и ногтей. Мелкая охота их прокормить не в состоянии, а с падалью бывают и перебои.

Посему люди жрут все, включая друг друга.

Они не только доедают раненых, но и убивают «ближних» во сне. А также душат или забивают острыми камнями больных, слабых и маленьких.

Возможно, они стали людьми потому, что были худшими из обезьян.

Роковая мутация кисти руки нарушила способность этого вида приматов нормально перемещаться по деревьям и, подобно макакам, жить в сытости и веселье.

Эти животные ненасытны.

Если нет падали или добычи, то homo тянут в рот все, до чего могут дотянуться.

Едой служат как пауки, так и выделения своего или чужого носа.

Они обдирают шкурки с ран, чтобы съесть.

Из остатков своей покровной шерсти выуживают клещей и сосут из них ту кровь, что клещи насосали у них.

Бурыми зубами расщелкивают жуков и дробят корешки.

Их самки, родив детеныша, подъедают собственную плаценту.

Найденные в гнездах яйца сжирают со скорлупой, а птенчиков — с перьями.

Да, и всюду, куда могут дотянуться, homo вылизывают то себя, то коллег.

И это лучшее, на что они способны.

Впрочем, вылизывание пока не связано с гигиеной или субординацией. Это просто возвращение ушедших с потом солей.

Да.

И самое главное.

В нашем вопросе появляется первая ясность.

Как и у индивидуальности, у гениальности тоже нет никаких биологических корней.

Их и быть не может.

Мозг еще не выполняет никакой рассудочной работы. Он занят только своим физиологическим ремеслом.

Его предназначение просто и прагматично. Качества отмерены и определены.

Ни в каких уникальностях нет необходимости. Типовые, серийные полушария отлично справляются с теми задачами, которые ставит среда.

Ничто не указывает на то, что в стаях были особи, достигшие гениальности в жевании жуков и падали.

Культивировать некий «чрезвычайный» мозг так же нелепо, как для одной особи из миллиона мастерить особую кровь с трехкратным количеством, например, базофил.

Даже если вдруг произойдет случайная мутация, которая их утроит, то у нее не будет никакого применения. Преимуществ она не обеспечит, а вот угробить вполне может.

Иными словами — некие высокие преимущества одного мозга перед другим было бы некуда применить.

Бриллиантовый кирпич — приятное и редкое явление, но в кладке сарайчика он совершенно не нужен.

Глава VII
ИЗОБРЕТЕНИЕ ЛЮБВИ

Впрочем, отсутствие у гениальности видимых древних корней — это не повод бросить ее поиск. Она, как и индивидуальность, могла возникнуть позже плейстоцена.

Более того, хитрая гениальность способна замести те следы, что ведут от точки ее происхождения в Нобелевский зал.

Такое тоже бывает.

Смотрите.

Из простой потребности затолкать пенис в соответствующее отверстие самки родилось грандиозное (по человеческим меркам) и очень влиятельное явление, именуемое «любовью».

Да, оно обволоклось в мифы и нарядилось в ритуалы. Любовь забрызгалась чернилами романистов и кровью самцов в кружевах и латах.

Явление стало культом и раскрасилось сотнями высоких смыслов. Век от века эти смыслы обновляются и усложняются.

Но при всем этом оно осталось той же самой потребностью «затолкать». Если эту простую деталь извлечь из грандиозной романтической конструкции «любви», то и сама конструкция немедленно обрушится. Останется лишь груда бессмысленного реквизита. И триллионы слов, потерявших всякое значение.

Это понятно. Пикантность ситуации заключается отнюдь не в этом.

А в том, что у простой и понятной «любви» появились подозрительные близнецы: «христианская любовь», «любовь к отеческим гробам» и прочие извращения.

Хотя, казалось бы — ну что можно заталкивать в «отеческие гробы»? Объект сексуально не аппетитный.

Да и отверстия подходящего калибра в гробах — большая редкость. Опять-таки занозы, черви, вонь и пр.

Еще мутнее история с любовью христианской.

Нет сомнений, что и ее корни — в конвульсиях совокуплений плейстоцена.

У целования икон и куннилингуса единое эволюционное корневище.

Поведением тут управляет потребность в физиологическом слиянии с возбуждающим объектом, а рулят два братских рефлекса: старый добрый сосательный и хоботковый.

Хотя христианская любовь очень качественно замаскировала свои истоки, первая же препарация способна их вскрыть и предъявить. Ведь все виды любви имеют единое происхождение.

Дело в том, что вообще все реалии человеческого общества возникли из очень примитивных наклонностей homo.

Чтобы вытащить всю историю явления, надо просто покрепче потянуть его за те волосатые уши, которые где-нибудь да торчат.

Вытаскиваем.

Пару миллионов лет назад половое поведение хомо было значительно проще даже гиенского.

Не было ритуалов ухаживания, «пар» и даже очередности. Каждый самец всегда был готов закачать сперму любой доступной самке. А доступны были все.

Спариванье было возможно всегда, кроме тех случаев,

когда вагина физически была занята другим самцом или содержала иные посторонние вложения.

Этот порядок вещей именуется промискуитетом и является редкостью в животном мире.

Эволюция неохотно наделяет им свои творения.

Почему?

Потому что при такой доступности связей почти не работает половой отбор. Вид быстро утрачивает презентабельность.

(Что, собственно, и произошло.)

Понятно, что в случае с человеком терять было нечего. Тогда казалось, что это существо уже дошло до пределов деградации.

Как хищник homo — несостоятелен, а как добыча — жалок. У него нет самого главного: внятного места в пищевом обороте саванны.

В этом смысле homo почти никчемен. А никакого другого смысла на тот момент, как мы помним, и не было.

Эстетически он ничего собой не представляет.

Его манера постоянно чавкать, теребить грязные гениталии и все загаживать — только компрометирует красивый процесс развития жизни.

А его гастрономические достоинства не окупают его уродства.

Если бы смилодоны писали книги о «вкусной и здоровой пище», там человек был бы помечен как «самое неаппетитное животное». «Заморить червячка» можно и им, но «для украшения праздничного стола» homo категорически не пригоден.

Строго говоря, это — лишний вид. Дни его сочтены.

Но эволюция щедра. В ее правилах — всем и всегда дать шанс. Даже твари, разжалованной из обезьян.

Более того, у человека все же была функция. Служа в саванне съедобным падальщиком, он не совсем зря коптил небо.

Впрочем, помочь ему выжить было не так-то просто.

Особые свойства, вроде электрорецепции, инфракрасного зрения, восприятия инфразвука — ему не светили. Да, они могли бы снабдить род homo исключительными преимуществами. Он бы слышал, видел и чувствовал больше, чем любые конкуренты. Но в этих бонусах ему было отказано.

Остались тихие радости, вроде нормальных зубов и когтей... или безграничной свободы размножения.

Так. Боевые зубы сразу вычеркиваем.

Сами по себе они не имеют никакого смысла.

Можно нарастить клычары хоть по метру длинной, но без обслуживающих челюсти мышц они будут простой декорацией.

Можно дать человеку хорошие когти.

Это технически легче, чем зубы.

Но и тут неувязочка.

Модные втяжные когти ему уже не приделать. (Не позволит сложившаяся конструкция кисти руки).

Можно предложить только устаревший не втяжной комплект. Примерно такой, как у мегатерия.

На такие когти можно наколоть штук десять улиток. Длинными когтями можно трещать, наводя ужас на слепышей или рогатых ворон.

Более того, мощные острые когти позволят homo подняться в иерархии падальщиков.

Как?

Да, элементарно. У него появится возможность расковыривать трупы самостоятельно и есть, не дожидаясь санкции марабу.

Установка когтей возможна всего за 30-40 поколений. Это сущие пустяки.

Конечно, продвинутые млекопитающие такого уже не носят. Но модничать человеку негде. На эволюционный подиум его не приглашают. (Вероятно, из-за манер и исключительно мерзкой физиономии).

В общем, этот комплект был бы очень полезным приобретением.

Но! Такие когти несовместимы с привычкой homo непрерывно чесаться. Заполучив их, он просто порвет себя в клочья.

Отказавшись от когтевой затеи, эволюция быстренько активировала в человеке один старый ген, который дремлет во многих животных и обеспечивает бессознательное, но эффективное применение различных предметов.

К примеру, острых камней.

Это тоже был неплохой вариант, уже обкатанный на морской выдре и некоторых птицах.

Ген активировался, тварь подобрала камень, но особых преимуществ не получила.

Да, раскурочивать падаль стало чуть проще. Но вопроса выживаемости камень решить не мог (чуть позже мы рассмотрим этот любопытный вопрос подробнее).

Оставался только промискуитет, т.е. постоянная возможность спариваться, презрев брачные игры и сложность половых ритуалов животного мира.

Промискуитет — это реальный шанс.

Как он работает?

Очень просто.

Дикая, непобедимая похоть вынуждает животных размножаться в любых условиях, вопреки страху, голоду, холоду, тяготам деторождения и выкармливания.

Извержения вулканов, землетрясения, оледенения, метеориты — ничто не может отвлечь их от постоянного спаривания.

Совокупления свершаются как целенаправленно, так и мимоходом.

Результатом любого контакта особей неизбежно становится половой акт. Таким образом, принудительно поддерживается численность популяции.

Разумеется, это не первый случай, когда гениталии служат двигателем вида. Простеньким, но надежным.

Конечно, есть и более впечатляющие образцы всевластия «полового вопроса».

Вспомним тлю. Ее самки рождаются уже беременными. Причем, те, кого им предстоит родить, тоже уже беременны беременными же тлюшечками.

Но такой финт эволюция повторить больше не в силах. Период ее дерзких экспериментов закончился до появления homo.

В результате человеку достался самый банальный вариант промискуитета.

Как это было?

Очень просто.

Примерно пять миллионов лет тому назад, еще в плиоцене, спасая род homo, эволюция, кряхтя, взялась за дело.

Напомню, что в качестве исходного материала была использована стандартная мочеполовая модель, общая для всех приматов.

Будем откровенны: модель скучновата и предполагает периоды целомудрия самок, тоску самцов и дурацкие ритуалы с цветами, орехами и покраснением задов. Модель крепенькая, но для промискуитета она никак не годится.

В результате корректировок в обезьянье половое наследие были внесены анатомо-физиологические коррективы.

Ничего экстраординарного. Всего лишь пара-тройка пикантных штрихов, вроде дополнительной иннервации и системы поперечных складок влагалища.

Но результат получился впечатляющим.

Конечно, не сразу.

Сперва редактировалась самка.

На неукротимую похоть самца требовался ее симметричный ответ.

Но, добиваясь вечного сладострастия самки, эволюция несколько переборщила с размером и чувствительностью ее внешних и внутренних половых органов.

Получилась очень впечатляющая штука. Если бы речь шла о месте, где всегда можно похоронить енота, то вопрос был бы закрыт. Но цели у эволюции были иные. Наполняемость вагины надлежало обеспечить иначе.

Тут опять вышла неувязочка. «Наполнитель» оказался трагически мал. Пришлось резко доращивать скромненький пенис самца и укрупнять весь его половой аппарат, начиная с калибра сосудов. Подгонка «ответной части» заняла какое-то время, но, наконец, полная соразмерность была достигнута.

В результате самцы и самки получили уникальные половые органы, находящиеся в постоянном поиске друг друга и полностью определяющие поведение своих владельцев.

Прекрасным подспорьем стал видовой истеризм человека, который добавлял перчик во все процессы и обеспечивал промискуитет накалом страстей.

Попутно промискуитет закрепил прямохождение этих животных. Он же свел с них покровную шерсть.

Поясним.

Глупые гномы-антропологи уже 200 лет гадают о природе мутации, которая поставила homo на «задние лапы».

Версий много. Но остается непонятным, за каким, собственно, чертом, эволюция так поиздевалась над человеком?

Дело в том, что прямохождение, не предлагая животному никаких немедленных преимуществ, сразу обеспечивает артрозы, мучительные роды, компрессию позвоночника и кишечника, аневризмы и еще десяточек патологий.

Более того. Если выпрямить любое «горизонтальное животное», то ему неизбежно обеспечена частичная анемия мозга. Она может и не убить. Но!

Анемия принесет радости удушья, головокружения, тошноты, обмороков, атоксии, нарушения зрения и утраты ориентации.

Так что для первых прямоходящих поколений людей двуногость, несомненно, была адской мукой. Ни одно живое существо добровольно никогда бы не согласилось участвовать в этой экзекуции.

Да и во имя чего было идти на такие мучения?

Антропологи блеют, но ничего вразумительного не предлагают. Никакого понятного стимула не «рисуется».

Конечно, все могла бы смягчить постепенность. Адаптации вырабатывались бы так же последовательно, как происходила вертикализация.

Это не сложно. Более того, рука у эволюции уже набита, что доказывается примерами кенгуру, жирафов, куриц и других тварей, привыкших нести свой мозг высоко и гордо.

Что следовало сделать?

Если вы поднимаете мозг так высоко над сердцем, то следует раза в два усилить общее артериальное, повысить плотность кровяных телец и смастерить запирающие клапаны в большой шейной вене.

Труд, как видим, невелик.

Это не решило бы всех проблем двуногости, но избавило бы человека от тошноты, а пейзажи плиоцена от заблевывания.

Но!

Даже этого сделано не было.

Все указывает на то, что вертикализация человека произошла в необъяснимой спешке, без выработки всяких защитных анатомо-физиологических прибамбасов.

Несомненно, она причиняла боль и страдания.

И тем не менее — свершилась.

Но кто же отдал бедному homo приказ срочно выпрямиться?

Кто мог потребовать этого от человека?

Явно не архангел. Беднягу бы тут же забили и сожрали вместе с его золочеными перьями.

Это мог быть только промискуитет. Только ему не смела возразить физиология человека.

Поясним.

Дело в том, что новый стиль жизни требовал постоянной демонстрации гениталий.

Но!

Такое возможно только при выпрямленности тела. У всех прочих животных органы спаривания «спрятаны» под корпусом и предъявляются лишь в решительный момент.

А самец человека — единственное существо в природе, которое передвигается гениталиями вперед. Более того, они всегда чуть-чуть впереди самого homo.

Получилось очень эффектно, но пострадал гендерный баланс.

Плоскозадые и волосатые дамы приуныли. Сравнительно с самцами — их вульва оказалась запрятана черт знает где. Ее демонстрация требовала специальных поз, а йога еще не изобрелась.

Но, увы, никакой возможности переместить вульву на самое видное место уже не было: там прочно обосновался нос.

Конечно, можно было бы поменять местами нос и вульву.

В эдиакарскую эпоху, во времена первичных организмов, такие трюки были обычным делом.

Но плиоцен консервативнее эдиакара. Эволюционный поезд уже ушел. Радикальная рокировка органов стала невозможна.

Более того, нос, перемещенный в промежность, был бы обречен на страдания от проделок ануса (да и пудрить его было бы сложнее).

Впрочем, выход нашелся. Нос остался на месте. А филиалом вульвы стал рот, которому делегировались все ее представительские функции, а также часть механических.

Затем произошло радикальное укрупнение ягодиц и молочных желез. Прятать их в шерсти стало глупо — и свершилось «раздевание»: покровная шерсть была сброшена к чертовой матери secula seculorum.

В результате получился впечатляющий биологический объект для спаривания, в котором всё без исключения настойчиво и постоянно напоминало о его основном предназначении.

(Кстати. Для облысения homo была и еще одна веская причина: трение кожами стало важной частью их половой игры.)

Основные работы над промискуитетом завершились еще в плиоцене, а окончательно «объект был сдан» примерно к тому времени, когда мы наблюдаем стаю homo в слоне.

Любовь же была изобретена значительно позже.

Без великого мифа «любви» не было ни малейшей возможности легализовать дикую похоть homo и встроить ее в систему культуры и отношений.

Процесс преображения пещерного промискуитета в возвышенную европейскую «любовь» был не прост.

◆ ◆ ◆

В Античности никакой «любовью» и не пахло.

Эрос, Афродита, Хатор, Приап, Рати и прочие профильные «боги и богини любви» к любви не имели никакого отношения. Это были дирижеры оргий, командиры фаллосов и повелители вагин.

Да, они распаляли смертных похотью, подбирали самые экзотические сочетания половых партнеров, но ничто, кроме фрикций, коитусов и изнасилований, их божественные головы не занимало.

Дело в том, что «любви» в сегодняшнем смысле слова тогда вообще не существовало. Ее еще не изобрели, так как она была никому не нужна. Половая разнузданность человека не нуждалась в оправданиях. Она почиталась достоинством, а не пороком.

Тем не менее, со временем плейстоценовая одержимость сексом прошла первую обработку культурой. Дафнис прыгал вокруг Хлои, звенел тетивой Эрот, а Хатор трясла своими коровьими ушками. Древняя похоть украсилась веночками и приобрела статус божественного наваждения.

Средневековье попыталось закрыть половой вопрос, нацепив на секс смирительную рубашку брака.

Но не тут-то было!

В черной церковной мгле звезда похоти разгорелась особенно ярко. Сила ее сияния была сильнее, чем скромное свечение звезды Вифлеемской. Грех нагло и весело торжествовал.

Тут-то стало понятно, что это скандальное напоминание о животности хомо требует и самых высоких оправданий.

Культуре пришлось поднапрячься. Ситуация осложнялась миллиардами примеров того, что половые акты легко свершались и без всякой «любви». Задачка была не из легких.

Посему «продукт» приобрел свои первые очертания лишь в XVIII столетии.

Созревшая цивилизация в девятнадцатом столетии усилила запрос на «особое, возвышенное чувство». Перья поэтов и романистов заскрипели еще усерднее. К началу XX века все было готово, а кинематограф навел окончательную полировку на этот возвышенный и влиятельный миф.

Как всегда и бывает в таких случаях, миф стал жить своей жизнью и мощнейшим образом влиять на поведение миллионов homo.

Любовь — не единственное искусственное явление. Стыд, совесть, раскаяние, эмпатия, любознательность, честность — мы тоже можем смело записывать в разряд «изобретений».

Глава VIII

КАМЕНЬ В ЛАПЕ

Полагаю, что вся цепочка забавных заблуждений о человеке начинается именно с мифа о «разумном инструментализме».

Благодаря куску булыжника в грязной лапе, человечество (само себе) присвоило звание коллективного гения животного мира.

С этого камня и началась уверенность, что род homo имеет некое таинственное отличие от остальной фауны.

С него же и начался путь, который привел стайного падальщика к коллайдеру, Освенциму и другим вершинам цивилизации.

Отметим, что за 250 лет существования антропологии так никто и не удосужился вычислить: с какого перепугу животное стало таскать с собой обломок породы?

Но именно это и надо понять в самую первую очередь. Ведь происхождение свойства всегда определяет его потенциалы и природу. Никакое явление не может быть отделимо от причины его появления.

(Напомню, что любое развитие — это всего лишь возгонка и совершенствование первичных особенностей.)

Когда-то находка этих «орудий» перевозбудила антропологов. Да так, что обломки стали символом уникальности раннего человека и основанием теории об «исключительности гоминидов».

Да, с какого-то момента в лапах нашего животного,

действительно, оказывается камень. Это происходит в голодном плиоцене, за пару миллионов лет до нашей «сцены в слоне».

Тот момент, когда тварь в первый раз подобрала какой-то обломок, считается историческим и судьбоносным.

Но тут вытанцовывается неувязочка.

Дело в том, что вся история примитивных орудий — свидетельство не сообразительности, а поразительной тупости homo.

Вокруг — множество предметов, которые гораздо легче превращаются в орудие, чем галечник или обсидианы.

Несколько настораживает и то, что ничего чрезвычайного этим камнем животное делать, разумеется, не могло.

Да и не пыталось. Оно оставалось тем же животным, только с камнем в лапах.

Несмотря на весь пафос «обретения камня» — перемен в жизни животного не наступило. Никакого развития не произошло и даже не наметилось.

И с камнем в лапе наше животное еще двадцать тысяч столетий шныряло, разыскивая пауков и падаль.

Оно гадило, дралось и совокуплялось, не утруждая себя поиском новых забав и полезных предметов.

Изначальной функцией камня было дробление и размозжение обглоданных кем-то костей.

В костях всегда есть что-нибудь съедобное или, по крайней мере, сосабельное. То, что недоступно для мелких мертвоедов и не интересно крупным. (Красный и желтый костный мозг — это не самая завидная, но все-таки еда.)

Мозжение костей было крайне актуально в голодном плиоцене.

Для детритофага, который не всегда успевает первым добраться до филейчиков, это умение стало спасительным.

Пришедший за плиоценом плейстоцен изменил меню: мясистой падали стало больше.

Ее стало хватать и на человека. Возникла необходимость не только дробить кости, но и кромсать плоть. Это вынудило обкалачивать привычные камешки, чтобы они стали острее.

Но!

Никаких попыток искать новые орудия или изобретать приспособления опять не произошло.

Полагаю, здесь мы уперлись лбом в главный вопрос тысячелетий.

Без его решения понимание качества мозга человека всегда будет ошибочным.

Был ли «камень в лапе» сознательным актом?

Что это? Разумный выбор или врожденное слепое свойство, присущее множеству животных? (Например, ракам, осьминогам и бобрам.)

Полагаю, что «начальную точку» нам будет очень легко вычислить.

Начнем.

Предполагать какую-либо «осмысленность» первых манипуляций homo с обломками пород нет никакой возможности.

Почему?

Потому что мы говорим об обычном животном, которое (на тот момент) не способно установить ни одиночную причинно-следственную связь, ни симфонию таких связей.

Не забываем, что обсуждаемое нами существо имеет

уровень представлений выдры, а его образ жизни ничем не отличается от гиенского. Уровень развития полностью исключает возможность организации производства и передачу опыта.

Первые камни в лапах восходят к тем временам, когда homo, бесспорно, пребывал в абсолютно зверюшечьем состоянии.

Даже если такое животное случайно и получает некий одиночный навык применения острого камня, то оно не способно ни сохранить его, ни распространить его на все стаи своей популяции.

Напомним: языка еще нет.

Да, есть бубнёж, рычание и запахи.

Мочой, конечно, можно метить территорию, самок и еду. Чем и занимались прадеды Гегеля и Канта.

Но в ароматах даже самой крепкой мочи сложно закодировать чертеж инструмента.

Помимо расстояний, стаи изолированы друг от друга своими каннибальскими наклонностями, агрессивностью и взаимным страхом.

Иными словами, никакая передача опыта была невозможна.

Однако камнями орудовали все без исключения homo.

Причем все тысячи (или сотни) стай стали делать это «одновременно и независимо».

Даже полностью изолированные (географически) стаи колошматят кости камнями, хотя им-то точно учиться было не у кого.

Каким образом могла быть достигнута эта синхронность?

У данного факта есть только два объяснения.

Первое: три с половиной миллиона лет назад был собран всемирный конгресс парантропов. Некий умелец со звезд провел мастер-класс по использованию каменных отщепов, а делегаты законспектировали ноу-хау и внедрили его в своих стаях.

Полностью исключать такую возможность мы, конечно, не будем.

Но! Вызывает сомнения возможность снабжения всех делегатов бейджиками и газировкой. А какой может быть конгресс без этих аксессуаров?

Впрочем, у нас нет необходимости выдумывать высокие причины первого опыта с отщепами валунов.

Дело в том, что многие виды животных наделены бессознательной способностью оперировать разными предметами и использовать их для своих нужд.

Нет сомнения, что у плиоценового стайного падальщика homo это свойство имело ту же самую «бессознательную» природу, что и у морских выдр, шалашников, бобров, вьюрков, раков, ласточек, термитов или других зверюшек и насекомых.

Оно было таким же «темным», как и у них. Никакой «разум» не участвовал в первых применениях камня. Это не было сознательным актом.

Да разум и не требовался. Как и большой мозг.

Чтобы заставить homo колотить обломком, нужна была лишь активация завалящего гена, на клеточном уровне вынуждающего животное манипулировать предметами.

Никакой связи меж такой деятельностью и т.н. «разумом» вообще не существует. У множества животных есть тончайший геномный механизм, либо подруливающий ЦНС, либо напрямую в нее встроенный.

Поясним на самом простом примере.

Гнездо рыжепоясничной ласточки — сложнейшая архитектурная форма.

Такое гнездо крепится к вертикальной плоскости и состоит из (примерно) 1000 разноразмерных блоков, которые ласточка самостоятельно изготавливает из каолинитов или алюмосиликатов.

Калибр и форма блоков уменьшается по мере подвода стен гнезда под горловину входа.

В конструкции используется принцип арочности и, соответственно, запорного камня.

В обязательном порядке применяется армирование боковых сводов волосами и стеблями. Причем, армирование не хаотичное, а с четко высчитанным шагом: через 2 и 3 линии кладки.

Более того, от строителя требуется точная оценка влажности материала. Каждый следующий ряд выкладывается только по мере подсыхания ряда подлежащего.

Это обязывает ласточек делать паузы, продолжительность которых зависит как от влажности воздуха, так и от изначальной сырости материала.

Весь этот инженерно-строительный процесс совершается существом, имеющим лишь 0,6 грамма мозгового вещества.

Скалистый поползень, обладающий мозгом в 0,9 грамма, мастерит не менее эффектные конструкции. Тут цементом служит слизь гусениц.

Фишка заключается в том, что кокнуть и притащить такую гусеницу мертвой — нельзя. Ее клейковина мгновенно ферментируется.

Бедняжку в добром здравии надо доставить на стройплощадку, заживо вскрыть и сразу употребить.

Как видим, для совершения даже более сложных действий, чем подбор и острение камешка — не нужны ни извилины, ни солидные черепные объемы.

Попутно отметим тот факт, что каланы, располагая всего 40 граммами мозга — продвинулись значительно дальше наших дедов.

Они не просто приспособили острые камни для колупания раковин, но и обзавелись «карманами» для их ношения.

И на этом примере мы тоже видим, что меж качеством мозга и инструментальной деятельностью связи не существует.

Так что отнюдь не «разум» заставил homo взять в руки обломки камней.

О да!

В отличие от каланов он, конечно же, научился острить обломки.

Впрочем, разум и тут ни при чем. Изменение формы используемого предмета — тоже не примета «рассудочной деятельности», а банальная способность многих животных.

Как правило, она идет в «комплекте» со способностью использовать орудия.

Это опять тот же самый геномный механизм, управляющий ЦНС.

Тут мы можем вернуться к примеру ласточки, а можем и обратиться к уважаемым бобрам (мозг 45 грамм).

Дело в том, что не все ветки равноценно вплетаются в сложную конструкцию их хатки. Посему бобры умеют укорачивать отгрызы ветвей до нужной длины. Т.е. даже они могут менять размерность и свойства предметов.

Манящие крабы мастерят люки, точно подгоняя их под калибр входного отверстия своей норы.

Краб-старьевщик создает на панцире «активную броню», приляпывая на него мусор и умирающие организмы. Он может взять на закорки и дохлую медузу. Если ее стрекала слишком велики и мешают движению, то старьевщик отстригает их к чертовой матери на уровне грунта.

Дятлы изготавливают зажимы для вылущивания шишек.

Не менее эффектные трюки проделывают новокаледонские вороны, делающих крючки разного размера, а также шалашники, моль-мешочница, муравьи, ткачики, птицы-печники, гончарные пчелы, хищнецы и даже шершни с их миллиграммами головных ганглий.

Мда.

Кстати, именно шершни забивают последний гвоздь в гроб иллюзии о связи мозга и уникальных свойств.

Говоря о шершне — мы говорим о выдающемся геометре. Он легко оперирует конгруэнтностью, параллелограммами и безошибочно вычисляет внутренний и внешний объем призмы.

Тут — математика профессорского уровня.

Шершни (все до единого) в совершенстве владеют мастерством создания многомерной геометрической системы из гексагональных изогональных призм. Понятно, что без идеальной вычисленности сторон каждой призмы — система призм никогда не сложится в прочное целое.

А каждый шершень при постройке гнезда успешно складывает ее каждый раз.

Более того, шершень не только теоретик-геометр. Он еще и строитель, педантично переносящий пространственное видение конгруэнтов в свою конструкцию.

Гнездо сложится в прочную округлость только при условии идеальности разновеликих призм.

Строить с такой адской точностью можно, только держа в голове хотя бы уравнение $V = S \cdot h$ (не говоря уже обо всех остальных выкладках).

Но головного мозга у шершня нет в принципе.

Есть немножко нейронов в надглоточных нервных ганглиях и грибовидное тело. Нейроны ему отпущены строго впритык: чтобы видеть, нюхать и шевелить усами (антеннулами).

$V = S \cdot h$, в принципе, «разместить» в этой ганглии негде. Однако, шершень успешно геометрирует.

Ничего удивительного. Тут мы окончательно понимаем, что геном умеет рулить поведением животного, не беспокоя содержимое его головы.

Понятно, что на фоне шершня наш homo с его обломком для ковыряния падали выглядит бледновато.

Продолжим.

И бобер, и ласточка, и шершень по части «мышления» — вне всяких подозрений. Механизм элементарного рассудка у них начисто отсутствует.

Они не обобщают знания и не изобретают язык. Для них нет прошлого и будущего, ассоциаций и причинно-следственных связей. У них есть только инструмент, который эволюция вручила им для выживания.

Да. Все они виртуозы.

Но! Лишь одной задачи. Ее решение знают не они, а их клетки.

Да, каждое поколение этих животных будет демонстрировать сложный и эффективный, но стереотипный моторный акт. А их красивые умения останутся заперты в инстинкте, не имеющим к мозгу никакого отношения.

Умение проектировать, манипулировать, инструментировать у них сконцентрировано только в одном наборе действий. И этот набор — не результат научения. Во всем остальном — шершень, бобер, ласточка, etc, etc останутся при нормативном безмыслии животных.

Сознание, разумеется, у них присутствует, но в строго отмеренных дозах. Ровно столько, чтобы верно и вовремя реагировать на опасности и другие изменения среды. Память, разумеется, есть. Но все адресации к ее накоплениям — короткие и прямые. Когда-то таким же был и человек.

Именно тогда, когда в его лапах и был впервые замечен камень.

Подводим итог.

С очень высокой степенью вероятности наш падальщик homo, взяв в руки обломок — просто подчинился темному приказу гена. И не более того.

Его действия не были и не могли быть осознанными, основанными на мышлении, опыте, «понимании» и пр. Они диктовались только генетической программкой.

Организм бездумно исполнял ее через связку стереотипных моторных актов, предписанных геномом. Все происходило точно так же, как у выдр, крабов, шершней или рыжепоясничных ласточек.

Без принципиальных изменений это повторялось в каждой новой особи, в каждом поколении.

Глава IX

ДЕНЬ УТРАТЫ ХВОСТА

Как видите, стоит поковыряться в происхождении основ поведения человека, чтобы ГУЛАГи, теракты и воскресения богов перестали быть загадкой. От внуков стайных падальщиков плейстоцена странно было бы ожидать чего-либо иного.

Конечно, человеку хочется забыть о своем подлинном прошлом.

Вот для этого-то и существуют культура и история. Но если культура иногда безобразничает и даже «рвет покровы», то история никогда этого не делает.

История — идеально дрессированная дисциплина. Она гарантирует забвение того, что помнить и не следует. Для чего, собственно, и была создана.

Но!

Знание мозга обеспечивает трезвость. А трезвость позволяет даже из такой фальшивки, как летопись человечества, сделать дельную вытяжку.

Кто кого победил при Гавгамелах, Грюнвальде или Сталинграде — не имеет никакого значения. Даже если в реальности этих битв не было, то были другие, похожие.

Ведь вся история homo феноменально однообразна.

Строго говоря, ничего, кроме убиваний и совокуплений, в ней не происходит. Как будто бы вечный цирк ужасов, переодеваясь, странствует сквозь века. И никогда не сменяет репертуар.

Впрочем, подробности массовых убиваний не существенны. Как и их названия. Да и точные даты тоже.

Эпохи только меняют человеку костюмчики и перестраивают декорации.

Важно другое.

Именно военные события, раскиданные по разным столетиям, наглядно демонстрируют неизменность базовых рефлексов человека со времен плейстоцена.

А также бессилие прогресса.

Как выясняется, прогресс не вносит поправки ни в эмоции, ни в поведение.

Существуют ли не искаженные культурой образы раннего человека?

Да, они есть. Это первые «уголовные кодексы»: Хаммурапи, Уракагину, Ур-Намму, Эшнунны и пр.

Все эти сборники древнейших законов надо правильно читать, не отвлекаясь на всякие там «отрезания грудей» и другие пикантности раннего правосудия.

Кодексы Междуречья следует воспринимать лишь как реестры поступков, на которые способен человек того времени. Именно этот список пороков и есть реальный портрет человека.

Следует помнить, что единственной книгой, которая рассказывает о человеке все — является уголовный кодекс. Со временем, конечно, Кодексы стали существенно толще. Ничего удивительного. Ведь преступления тоже эволюционируют.

Да, сегодня пещерная злоба принарядилась. Она раскрасилась всякими «верами», «родинами» и разжилась техническими штучками. Она зажгла «вечные огни». Но никаких ее принципиальных изменений не произошло.

Официальное открытие балагана человеческой истории произошло 5200 лет назад.

Дети пожирателей дейнотерия завернулись в шумерские хламиды, покрасили бороды и начали все усложнять.

Ничего другого, кроме опыта плейстоценовой войны «всех против всех» — у них не было.

И никакой иной опорной точки поведения — тоже. Единственное, что они могли усложнить и развить — это те повадки и свойства, которые человек приобрел в эпоху своего формирования.

Напомню, что два миллиона лет homo прилежно учился и даже стал отличником.

Правда, директором его школы жизни был пещерный медведь. А педагогами — голод, похоть и страх.

Все, чему учили эти три магистра — вызубрилось и стало основой поведения.

С тех пор у этого существа не появилось ни одного нового свойства. И не аннулировалось ни одного старого. Он навсегда обречен таскать в себе падальщика и каннибала. И это не уйдет никогда.

За последние 6000 лет качественных изменений ЦНС не произошло. Да и откуда, собственно говоря, им было взяться?

Физиология мозга давным-давно завершила свое формирование.

Да, кое-что должны были подправить религия и культура.

Это влиятельные, но все же абсолютно декоративные явления. Конкурировать с агрессией или эрекцией они иногда могут, но внести коренные изменения в свойства человека им, разумеется, не под силу.

Как мы знаем, любовь к ближнему еще никогда не мешала построить для него концлагерь.

Будем откровенны: ничего уникального из homo не получилось. Строго говоря, труд эволюции следует признать напрасным.

Ей явно не стоило тратить силы на метаморфозы «австралопитеков» в «эргастеров». Да и на все последующие махинации тоже.

И уж точно не следовало уменьшать надбровные дуги и сводить с этих тварей шерсть.

Человека можно было оставить в его родной плейстоценовой шкуре.

Ведь для того, чтобы толпы самцов увечили друг друга в «бородинской» (или любой другой) потасовке, никакая эволюция вида и не требовалась. Впрочем, как и для организации Холокоста.

Не стоило разоряться на декорации и костюмы. Практически всю историю человечества можно было творить и в шерсти.

Глава X
ГЕНЕРАТОР ГЛУПОСТИ

Первые подозрения о том, что homo имеет роковой порок мозга, должны были возникнуть при виде первой же древнеегипетской пирамиды.

Уже тогда можно было догадаться, что дело плохо. А от будущей истории человечества ждать нечего.

Напомню.

Эволюция наделила homo речью, роскошной кистью руки, увесистыми полушариями — и вывела на авансцену мироздания.

Совсем ранняя Шумерская эпоха была набором тревожных ошибок. Идиотией пахнуло и от наклонностей первых царей, и от похождений мифического Гильгамеша.

Однако еще теплилась надежда, что это просто дебютные огрехи, а потом все наладится.

Но сменивший Шумеры Египет покончил с иллюзиями. Он подтвердил, что шумерская тревога была не напрасной.

Под рев храмовых труб Египта человечество начало уверенный марш в секс-шоп и печи Бухенвальда.

При этом был навсегда упущен призрачный шанс на «другую историю» рода homo.

Смотрите сами.

Все эти «Нубхетерисы» продержались в мировых лидерах почти 3000 лет. Их возможности были ничем не ограничены. Все золото мира и вся его рабочая сила находилась в их полном распоряжении.

Более того, они периодически демонстрировали мелкие успехи в строительно-бытовой инженерии.

Приложив некоторые усилия, за пару-тройку столетий египтяне легко могли бы запустить паровоз.

Паровоз — невероятно простая конструкция. Настолько простая, что сама просится быть немедленно изобретенной.

В наличии всегда есть все нужные для этого компоненты: пар, металл, уголь. И потребность в перемещении.

Следующий этап — пенициллин. Для создания первого антибиотика надо всего лишь совместить рану и плесень.

А еще через сотню лет, подбросив камешек, можно было заподозрить наличие гравитации.

Влияние точных знаний и прогрессирующих умений — огромно.

Даже эти простенькие штуки могли бы дать старт настоящей цивилизации знания. И созданию интеллекта, никаких следов которого в «сфинксову эпоху» не наблюдается.

Но! Вместо паровозика все силы человек бросил на сушку и раскрашивание мертвецов.

А вместо пенициллина — на отжимания перед Озирисами.

Основным лекарством стал кал священного крокодила. С просьбами следовало обращаться к навозным жукам (скарабеям). А с ног покойника надлежало срезать кожу стоп, чтобы не запачкать небеса земной грязью.

Апогеем бессмыслицы стали военные парады и стройки идиотических пирамид.

О чем свидетельствуют пирамиды?

Только о том, что ради мертвых люди всегда готовы убивать живых.

Эта эпидемия паранойи, обычно именуемая «Древний Египет», продолжалась 2700 лет.

Конечно, маниакальная сушка трупов, пирамиды, поклонение какашкам рептилий и беседы с жуками — создают полное впечатление того, что берега Нила были заселены опасными сумасшедшими.

Трудно сказать, кто тупее — сами строители пирамид или египтологи, которые ищут смыслы в их нелепом труде.

Но!

Если бы такое государство было обнаружено сегодня, то ООН приняла бы спецпрограмму, в соответствии с которой все подданные «Рамсесов», сами «Рамсесы» и дети «Рамсесов» были бы немедленно расселены по психбольницам мира. А шизофренические пирамиды проданы строительным концернам и демонтированы.

Ничего смешного.

Быть потомком и наследником слабоумных — сомнительная честь.

Еще печальнее понимать, что ты являешься хоть и невольным, но продолжателем их дела.

Ведь «египет» не проходит бесследно. Если пещеры плейстоцена были школой слабоумия, то время мумий стало его университетом.

Не удивительно, что вся последующая история homo будет пропитана богом, смертью и властью.

Позолоченный яд Древнего Египта сразу проник в кровь цивилизации. И циркулирует в ней до сих пор, диктуя не только извращения, но и нормы.

Прислушайтесь.

Подергав за усики очередного Сталина — мы услышим

шипение всех фараонов сразу.

Сакральное родство этих персонажей бесспорно. Как и связь золотой улыбочки Тутанхамона с мощами христианских святых.

Столь же ясно, что все «нотр-дамы» — это смысловые внуки пирамид.

Кстати!

Технология сожжения живых людей — это тоже изобретение фараоновой эры.

Несомненно, о возможности испепелить ближнего люди грезили еще со времен «приручения огня».

Но именно Египет материализовал древнюю мечту. Египтяне сумели не просто засунуть человека в пламя, но и удерживать его там до готовности.

По всей видимости, новое удовольствие омрачалось сумасшедшей стоимостью дров. Но и тут египетская мысль нашла выход: дрова заменили сухариками из верблюжьего дерьма.

Нечестивец, проявивший неуважение к богу Ра или фараону, прочно фиксировался и обкладывался сушеным навозом от подошв до подбородка. Растопка карательной конструкции была делом не быстрым, но древние египтяне никуда и не спешили.

Дерьмо, конечно, не давало эффектного пламени, но создавало нужную температуру. Так что первые еретики мира не сжигались, а скорее запекались в собственном соку.

Но именно с тех навозных духовок огонек перебрался и на дровишки инквизиции.

Следует отметить, что понятие «границы», «родина», а также обелиски воинской славы — это тоже изобретение садистов в накладных шакальих головах.

Ими же был поставлен и знак равенства меж понятиями «покорность» и «счастье».

В представлении поклонников скарабея рабство — это норма, а свобода — редкое и бессмысленное уродство, не имеющее никакого оправдания.

Ведь жизнь, свободная от воли фараона и богов, просто не имеет смысла. И она должна быть прекращена.

Позже это древнеегипетское представление станет фундаментальным. Оно засверкает в золоте иконостасов, коронах королей и свастиках.

Оно же станет тем яичком, из которого вылупятся гадины коммунизма, патриотизма и монархизма.

Любителям крокодильего кала удалось очень основательно изувечить рассудок юного человечества.

На «мистике», «магии» и «вере», на «загробных мирах» и «небесных приютах», на «таинствах», «молитвах», «покаяниях», на «воскресении» и «причастии» — всюду красуется бирочка «Made in древний Египет».

Да-да. Все это изобретено именно тогда.

Религиям, которые пришли вслед за культом Озириса и Амона, почти ничего сочинять уже не пришлось. Можно было брать наработки лысых жрецов и слегка адаптировать под свой культ.

Как видим, цивилизация homo действительно выстроилась на египетском основании.

Но не стоит винить сам Египет.

Он не автор идиотии, а ее первое полноценное творение.

Автор — мозг человека.

Египет лишь создал механизмы ее практической реализации.

Технические «свершения» подданных Верхнего и Нижнего царства — это всего лишь придуманный египтофилами «эффект скоростной прокрутки столетий». Прием прост, но на дураков действует безотказно.

В чем он заключается?

Объясняю.

Берется любая впечатляющая мелочь и преподносится, как примета развитости эпохи. А вот цена, заплаченная за эту мелочь — замалчивается. Никто не уточняет, что примитивное, по сути, изобретение возникло в результате тысячи лет проб и ошибок, зрело веками, дополняясь и совершенствуясь, пока не стало эффективным.

Конечно, это мошеннический прием.

Ведь если умение складывать и показывать фигу приобретается за пять секунд, то это вполне достойная история. Но если фигосложение требует месяцев размышлений и манипуляций пальцами, то ситуация попахивает бедой.

Да, в результате фига предъявлена. Фигоносец ликует, трясет отлично сформированным кукишем. Но мы-то знаем, сколько потребовалось времени и сил на его сложение.

«Эффект прокрутки» и заключается в том, чтобы волшебными ножницами чикнуть — и удалить позорные месяцы попыток. Как только это проделано — фигоносец из слабоумного сразу превращается в очень продвинутого парня.

Все египетские «дыровороты», ювелирка и астрономия — именно из этой оперы.

Реальная же картина способности homo «изобретать» — печальна.

Увы. Чтобы нащупать и связать несколько самых простых закономерностей, человеку нужны десятки поколений.

Смотрите.

Возьмем архипростейшее: пипетку (примитивный дозатор жидкости).

Потребность в капельной дозе — ровесница цивилизации.

«Капля» требовалась для создания лекарств, отравы, парфюмерии и косметики, для гаданий, оккультных практик, пыток, бальзамирования, позолоты, красок, алхимических опытов, смазки механизмов, взлома замков, etc.

Несмотря на то, что потребность в «капле» была острейшей — изобретение элементарной пипетки заняло около 5000 лет. Ее годом рождения является лишь 1660-й.

Мобильный и надежный источник огня тоже был жизненно важной штуковиной.

Но!

Придумывалась и делалась зажигалка ровнехонько 5300 лет.

Древний Египет доказал и то, что успехи в искусстве и интеллект — вообще никак не связанные меж собою вещи.

Ничего удивительного.

Искусство, как и логика, фашизм, разум и пр. — тоже не является «человеческим изобретением». Это элементарное природное явление, возникшее одномоментно с материей, как одно из ее свойств.

Этот «закон всемирного марафета» рулит павлиньими расцветками, формой кристаллов и дизайном галактик. На нем стоит половой отбор и незримая красотища нейтронных потоков. Это всесильная и вездесущая штука.

Через понятную эквилибристику генома это свойство «пришло» и в природу плейстоценового падальщика.

Тут начался цирк.

Homo, в соответствии со своей основной профессией — существо весьма «упрощенного дизайна».

По части внешней эстетики он уступает даже карамельному крабу, уже не говоря о таких шедеврах, как древолазные лягушки или гепарды.

Все объяснимо.

Экстерьер человека — прямое следствие его первичной роли; ковыряльщик падали и не нуждался в эффектных раскрасах и ярких хохолках.

Ранние хомо не придавали значения своей невзрачности. Но со временем, дослужившись до «царя, фараона и бога» — падальщик решил сравняться в красоте хотя бы со страусами.

Здесь-то и пригодилось то самое свойство материи, крепко сидящее в геноме.

Оно позволило homo заняться улучшением как своей персоны, так и быта.

(Закон всемирного марафета вполне может реализовываться не только через естественные метаморфозы вещества, но и через набор внешних усилий, как например, у краба-декоратора.)

Человек, разумеется, пошел по «крабьему пути».

Все началось с перьев, красок и ракушек. Продолжилось «да винчами, нотр-дамами» и кроссовками Dolce & Gabbana.

Короче. Компенсировать отсутствие ярких хохолков, в принципе, удалось. Свойство пропитало поведение вида. Создалось «искусство».

Конечно, по сравнению с завораживающей эстетикой зеркальных пауков или с вулканами — получилось жидковато. Но вполне достаточно для малевания картин, конструирования музыки и других забав.

Глава XI

ПЛАНЕТА ТУПЫХ

Чуть выше я написал «роковой порок мозга». Это некорректная, глубоко ошибочная формулировка.

Нет никакого «порока». Есть естественные свойства мозга человека.

Увы.

Сами по себе его рассудочные потенциалы ничего, кроме идиотии обеспечить и не могут. А любой их самостоятельный продукт будет, как минимум, абсурдом.

Дело в том, что мозг вообще не способен устанавливать причинно-следственные связи. Различать «добро» и «зло», «ложь» и «правду».

Не потому, что он «слеп» или «плох». Нет. Просто эволюция его создавала совсем не для этого.

Для примера возьмем стерильные от всяких точных знаний, здоровые, полновесные полушария человека.

И устроим им экзамен: предложим решить несколько пустяковых проблем.

Например, проблемы плодородия, контрацепции и болезни.

Какие же ответы мы получим?

Начнем с плодородия.

Спросим «чистый» мозг человека: как обеспечить всхожесть тыкв?

Он поскрипит извилинами и ответит, что оптимальным способом выращивания тыкв будет кожа девочки

13 лет. Снятая с нее целиком, в момент агонии. Да, девочку полагается зарезать и освежевать не абы где, а в храме богини Чикомекохуатль, в специальный день. Разумеется, с песнями и пританцовкой.

Если освежовочную процедуру провести правильно, то никакая засуха тыквы не погубит.

Связь девочкиной кожи и роста тыкв не кажется вразумительной. Но, следуя этим рекомендациям своего мозга, миллионы ацтеков и майя именно так пытались повысить урожайность. Не год и не два, а много столетий подряд. И совсем не в пещерную эпоху, а в XIII-XVI веках нашей эры. Во времена Коперника, Бруно и Галилея.

Мда.

Перейдем к контрацепции.

Задаем вопрос: что может уберечь женщину от нежелательной беременности?

«Ей надо пить свои месячные» — уверенно отвечает мозг человека.

И чуть поразмыслив, добавляет: «их можно разбавить водой из семи ручьев».

Так и поступали русские крепостные шалуньи. Пили, голубушки. Иногда разбавляли, иногда нет.

Это было не слишком вкусно и не очень эффективно. Но крестьянки не решались спорить с наполнителем черепов своих бабушек и мам. Посему веселый круговорот дамских жидкостей булькал восемь веков подряд (примерно до 20-х годов XX века).

Закончим наш диалог с мозгом вопросом о лечении эпилепсии.

Как избавить от этой болезни?

О, тут мозг не растеряется и без запинки подскажет методику: чтобы излечить эпилепсию, следует заколоть новорожденного мальчика-альбиноса, измельчить его и натереться этим фаршем.

Данным указаниям своих извилин в Танзании следуют и по сей день.

Как видим, экзамен провален. Ни одного верного ответа.

Ацтекский, русский, танзанийский примеры можно списать на запредельное дикарство этих этносов.

Хорошо, спишем.

И вглядимся в Европу, которая имеет репутацию вполне просвещенной старушки.

Рассмотрим не ее дикий десятый век, и даже не шальной шестнадцатый, а «сам» XIX-ый.

Да, это век Максвелла, Клода Бернара и Пастера. Век научных прозрений.

Но все особи, непосредственно не причастные к точному знанию, демонстрируют умственные коленца равные русским народным или танзанийским.

К примеру.

Недержание мочи в Нормандии лечили с помощью кротовьего пепла. Крота, разумеется, надо было сжечь заживо.

В Арденнах пытались избавиться от псориаза через удушение крота правой рукой.

В Вогезах применение правой руки считалось глупым суеверием. Раздавливать живого крота полагалось только левой.

Не ровно дышала к кротам и сельская Бретань.

Там крестьянство так быстро и густо покрывалось бородавками, что жены переставали узнавать мужей, а дети — матерей. Единственным способом избавления от бородавок считались заживо отрезанные лапки крота. Ими полагалось, постепенно ускоряя шаг, «ходить» по физиономии пациента, напевая псалом №37 (косметический).

В Париже дело обстояло несколько иначе. Не случайно он считался продвинутым городом.

Париж не верил в целительную силу кротов и смеялся над народными бреднями.

Зато он верил в то, что утопленника можно воскресить, нагнетая табачный дым ему в анус.

Дивные сцены надувания покойников можно было почти каждое утро созерцать на берегах Сены.

Вдутое, как правило, выходило обратно. А если не было ветра — то поднималось аккуратными колечками над мокрой задницей трупа.

Если ветерок все же наличествовал, то табачные колечки перемешивались с ладаном парижских церквей. Там христиане, напевая, ели мясо своего давно умершего бога.

Вывод печален.

Мы видим, что вне зависимости от времени и места рождения, если человек не Пастер или не Клод Бернар, то он, как правило, полный идиот.

(А если Бернар, то частичный.)

Летописи рода человеческого напичканы миллионами примеров карикатурных ошибок «чистого» мозга.

Стоит лишить этот «таинственный и великий орган» доступа к систематизированному научному знанию — и он начинает пороть абсолютную ахинею.

Ознакомившись со всеми перлами мозга за 5200 лет, можно простить человеческой истории ее исключительное уродство. Все могло быть и еще хуже.

Мозг не виноват.

Он никогда и не прикидывался «космическим явлением» и «постигателем тайн».

Эту легенду придумала культура, плохо понимающая, что такое мозг человека.

С культуры спрос невелик.

Я надеюсь, мы помним, что, если наука — это правда о человеке, то культура — это ложь о нем. И жить культура может только в полностью ложных представлениях. Чем они завиралистее, тем ярче и ее цвет.

Изображая человека, культура и наука рисуют два совершенно разных существа, не имеющих меж собой ничего общего.

Так вот именно культура налепила на древний черепной шмат из жирных кислот — ярлыки «пытливости», «тяги к знаниям» и «бесконечного любопытства».

Ничего этого нет и в помине.

Это художественный свист.

Или, если угодно, детали той культурной легенды, которой уже третий век упивается человечество.

Все «секреты» мозга начинаются с ложной оценки этого бедного органа.

С попытки исследовать не сам мозг, а легенду о нем, придуманную культурой. Вот тогда — да, начинаются тайны.

Увы.

У мозга есть только одна тайна.

Он непроходимо глуп.

Просто в силу своего физиологического предназначения и эволюционной истории.

Не забываем, что все поэмы, формулы и симфонии — это случайные следствия работы органа, предназначенного для совсем других целей.

Рассудок — это даже не младшая функция. И совсем не свойство мозга. А лишь нечаянный эффект его возможностей.

Это отходы нейронной активности некоторых областей коры.

При определенных обстоятельствах этот эпифеномен

создается и homo может им попользоваться.

Объясняю.

Да, мозг homo — это (примерно) 85 миллиардов нейронов.

Несомненно, это очень солидное число.

Есть чем щегольнуть и перед свиньей с ее двумя миллиардами, и даже перед гориллой с тридцатью тремя.

И это прекрасно.

Но! Обилие нейронов и связей меж ними не имеет, увы, почти никакого отношения к разуму и мышлению.

Глава XII

ЧЕРНАЯ КОМЕДИЯ ПОЛУШАРИЙ

Эволюция мозга человека — это очень смешная история.

Ознакомление с ней гарантирует помешательство.

Конечно, тяжесть диагноза зависит от степени углубленности в этот вопрос.

Поверхностное знакомство может закончиться относительно благополучно. Дозы хлорпромазина будут щадящими, а стены — мягкими.

Более серьезное изучение вопроса приводит и к усугублению психиатрических последствий.

Конечно, степень безумия различалась. Но! Из тех, кто плотно соприкоснулся с темой, сохранить психику неповрежденной не удалось еще никому.

Нобелевские лауреаты по физиологии и медицине один за другим свихивались от неразрешимого противоречия этой истории.

И их можно понять.

Все они, от Шеррингтона до Экклза, знали, что любая функция мозга возможна лишь тогда, когда она обеспечена соответствующей структурой и нейронной массой.

Но в мозге человека нет ни структуры, ни массы для обеспечения рассудка.

Есть всё. От формаций, рулящих кроветворением, до центров, регулирующих мимику.

А структур рассудка и мышления — нет.

Более того, логика эволюционного развития полушарий категорически не допускает возможности их существования.

Эволюционную историю мозга никуда не денешь. А она строго пошаговая. Новый мозговой субстрат возникает только для обеспечения новой функции и работает только на нее.

Потребность в рассудке возникает слишком поздно.

Интересы этого явления и не могли быть учтены в процессах формирования мозга.

Это неприятный факт.

Но существует старая спасительная версия о рассудке, как об эпифеномене.

Она гласит, что все умственные выверты — это некое случайное, сопутствующее обстоятельство. При таком огромном количестве нейронов и поведенческих функций оно вполне может то возникать, то пропадать.

Рассудок это что-то вроде кружка самодеятельности при металлургическом комбинате. К расплавам, ковке и формовке он имеет мало отношения. Но металлурги иногда сбрасывают прожженные робы и исполняют тверк.

Строго говоря, никаких других версий рассудка физиология мозга не предлагала, не предлагает и предложить не сможет.

Их просто нет.

Но причиной психозов светил мозговой науки был не только сам эпифеномен.

Есть еще менее приятный вопрос, чем «прописка» рассудка.

На первый взгляд, он вообще не имеет никакого ответа.

Поясним его на очень простом примере.

Имеем — огромную, и при этом крайне тонкую и эффектную вышивку гладью.

Ее стежки безупречны. Узоры виртуозны.

Это — шедевр.

Гордо ухмыляется автор этого рукоделия.

Нет никаких сомнений в том, что именно он и есть его создатель.

Но у этого мастера нет ни рук, ни ног. Нет ничего, чем можно было бы держать иглу и направлять ее тончайшие движения.

Их никто не отрубал. Уродство нашего красавца — типичный случай фокомелии, т.е. врожденного отсутствия конечностей.

Более того, мастер слеп.

И это тоже не проделки завистников, а натуральная криптофтальмия — порок утробного развития, лишающий не только зрения, но и глаз вообще.

(Там, где должны быть веки, склера, ресницы, зрачок и пр. — нет ничего.

Есть затянувшая глазницы ровная кожа, с морщинками на месте размыкания век.)

Понятно, что у этого вышивальщика не было ни малейшей возможности создать столь потрясающее шитье.

Однако шедевр перед нами и он, без сомнения, создан этим безглазым и безруким существом.

Аналогия шитья с наукой, техникой и цивилизацией вполне корректна.

Как и аналогия урода-рукодельника — с мозгом человека.

Подведем итог.

Эта штука в черепе не могла создать столь восхитительного (как принято думать) продукта, однако, продукт есть, и он создан именно ею.

Короче, Нобелевским лауреатам, которые хорошо представляли себе истинные возможности мозга человека — было от чего свихнуться и порвать с наукой.

Самое простое объяснение этого парадокса почему-то не пришло им в головы. Хотя оно напрашивается само собой.

◆ ◆ ◆

Итак. Вкратце, но по порядку.

Наша черная комедия началась в палеогене.

После ряда вымираний в животном мире открылись вакансии.

Среди них было местечко младшего падальщика с перспективой карьерного роста.

Никаких специальных навыков от соискателя не требовалось.

Критерием профпригодности была быстрота размножения и мощный желудочно-кишечный тракт. Ведь должность предполагала быструю переработку большого количества мертвечины разной степени разложения.

Эту нишу и удалось занять homo.

Конечно, не сразу.

Сперва человека пришлось вырастить.

Это не стало проблемой.

По части мерзких экспериментов эволюция превосходила и превосходит даже коллектив отряда «№ 731».

Она часто создавала эталоны уродства и нелепости.

На кладбище ее ошибок громоздятся панцири галлюциногений и кости стиракозавров. А также и еще 900.000.000 забракованных фантазий.

Эволюция — мастерица нелепостей и уродств.

Казалось бы, придумать что-нибудь безумнее ее поделок Девонского периода уже невозможно.

Но!

В операции «человек» эволюции удалось превзойти саму себя. Хотя, разумеется, прямого умысла сделать Достоевского у нее не было.

Просто требовалась бесстыжая и агрессивная обезьяна-падальщик. Не слишком вкусная, но все-таки съедобная. И достаточно массивная.

Способная при необходимости послужить обедом для саблезубой семьи динофелисов или других красавцев эпохи.

Первый акт этой комедии начался примерно 65 миллионов лет назад.

Для очередного эксперимента была выбрана крысохвостая особь из отряда приматов, семейства пургаторидов.

Разумеется, особь была потомком тех звероящеров, что когда-то дали жизнь всему классу млекопитающих. Конечно, она унаследовала от чешуйчатых дедушек манеры и представления о жизни.

Уклониться от получения этого наследства невозможно.

Но особой, исключительной гадиной зверюшка не была. Просто в силу малой размерности и невнятных коготков.

У этого существа была остренькая мордочка и собственное родовое имя — Пургаторий.

Вряд ли выбор первоосновы был сознательным. Скорее всего, бедняге пургаторию просто не повезло.

Так или иначе, но именно он стал сырьем для изготовления homo (попутно из него наклепалась и масса милых обезьянок).

Чтобы получить из пургатория человека, этот объект

предстояло существенно укрупнить, научить маршировать на задних лапах и лишить всякой брезгливости.

Процесс пошел. Как всегда — с паузами и косяками. Но пошел.

Для начала пургаторию пришлось отодрать его лысый хвост. С этим особых проблем не было. Но вот все остальное растянулось на десятки миллионов лет.

Дело в том, что создание нового зоологического рода — это рестайлинг не только внешности, но и мозга.

Разумеется, в головке «исходника» кое-что уже было. Но это «кое-что» было очень жалким. Конечно, не желудем или пуговицей.

Это был мозгишко.

Т.е. нейронная слизь давно сгустилась и сплотнилась в ядра. Те обвязались лучистостями и проводящими путями.

Создался субстратик, и даже свершилась формовка мозговых структур. А меж ними пристроились полости с питающим ликвором.

Но!

Вес этого сокровища не превышал трех граммов. И он был совершенно гладок.

Как только пургаторий пошел на повышение — мозг начал набухать, а череп стал раздаваться в ширину и в высоту.

Скулы разнесло в стороны, лоб направился к затылку, а круговые мышцы рта двинулись вперед.

Крысоватость сменилась мордастостью. Но зато мозг стал гораздо наряднее.

Там вздулись извилины коры и начертились борозды.

Особенно эффектно вышел прямой «пробор» меж полушариями. Не подкачал и полосатенький мозжечок.

Получилась штуковина, похожая на сдвоенный разжиревший сморчок. Ну и, конечно, на задницу.

Главная, корневая часть мозга — его ствол. Вещь, несомненно, почтенная, антикварная, изготовленная еще в кембрийскую эпоху.

Ствол так хорошо зарекомендовал себя в остракодермах и другой нечисти, что пошел в серию и до сих пор не снят с производства. Эволюция привычно засовывает его в головы всем, у кого он может поместиться.

И вообще ствол — классическая штука, запускающая пищеварение, кроветворение, сердце, дыхание и пр. Он удобен, так как отлично сам себя тюнингует, создавая себе нужный обвес из всяких талямусов-гиппокампов. Комплектация обвеса зависит от того, какой именно организм предстоит двигать и размножать.

В стволе обитает и древняя владычица сознания, поведения и сна — ретикулярная формация.

Эта формация — матерь секса и пыток, вдохновительница куниллингусов и терактов.

Работу ретикулярной формации лучше всего описывает Уголовный Кодекс, а показывает Порнхаб.

Для homo ничего специального изобретать не пришлось.

От пургатория достался отличный ствол, прошедший все круги палеозойского ада.

Разумеется, крысохвостый имел длинную, уходящую в протерозой, цепочку пращуров.

Портретная галерея его предков — это вернисаж бородавчатых, сегментированных и пучеглазых уродов. Они экипированы кожистыми гребнями и перепонками; их морды сияют ухмылками стозубых ртов.

Отметим, что каждая из этих гадин обогатила ствол мозга и своим личным вкладом. Это наследие неудалимо.

Ведь и ствол, и его структуры — это просто нейронная материализация жизненного опыта предковой цепочки.

Да, этот опыт жутковат и глубоко аморален.

Но ничего не поделаешь.

Увы и ах. Никакого другого человеку и не могло быть предложено.

Эволюция — прижимистый процесс. Ею ничто не изобретается, а просто совершенствуется то, что уже есть.

Угодив в голову человека — ствол не утратил бандитских наклонностей. Он просто подрастил себя. И обзавелся всем инструментарием для управления капризным телом примата.

Отметим, что мозг, изготовленный для человека, был выдержан в строгой стилистике.

Без излишеств.

Без инфракрасного зрения, без электрорецепции или других редких опций.

Увы! Такие «тузы» сдаются только любимчикам эволюции, в число которых люди явно не входят. Более того, эти бонусы закладываются в геном изначально, а по «ходу» не вставляются.

Хотя, нет. Один подарочек ему достался.

Не забываем, что наша тварь была снабжена недурным генетическим бонусом — камнем в лапе, позволившим ему приписаться к цеху животных-инструменталистов.

Да, этот подарок позволял homo чувствовать себя почти равным выдре и бобру. (Но вот с шершнем конкурировать талантами было уже сложновато.)

Тут тоже все понятно.

Homo — организм рядовой, короткоживущий, с важной, но не чрезвычайной функцией.

Не следует забывать и о пищевой роли человека. Странно было бы ювелирничать и снабжать эту кормовую базу саблезубцев уникальными свойствами.

Напомню, что тогда в моде были ленивые хищники, вроде динофелиса и махайрода. Им было неохота гоняться за злыми и проворными. Требовалась, пусть и тошнотворная, но легкая добыча. В этом смысле слова человек был незаменим.

Так что, строя мозг в черепе падальщика, эволюция даже не вспотела. И все равно получилось неплохо.

Этот головной «сморчок» обеспечивал способность хватать, скалиться, размножаться и пожирать все, что попадалось на глаза.

Что, собственно, и требовалось для вступления в должность.

Никаких «думать» этим мозгом не предполагалось. Ни такой функции, ни такой потребности в миоцене попросту не было.

Короче говоря, из 85 миллиардов нейронов человеческого мозга 72 миллиарда — это тот самый ствол и его большой «обвес». Они управляют физиологией, моторикой и базовыми рефлексами. А также болью и сном.

Ни в каких рассудочных или мыслительных процессах эти залежи, разумеется, вообще не участвуют.

Они выше этих мелочей.

О да, конечно, в них размещены механизмы реакций, ориентировки, принятия решений, памяти, рефлексов общения и агрессий. Но в этом наборе нет ничего чрезвычайного. Или «умственного».

Это «прожиточный минимум» вообще любого организма, начиная с метасприггин и других героинь войн палеозоя.

Так что 72 миллиарда нейронов вычеркиваются из темы «рассудка» без всяких разговоров.

Остается кора головного мозга с ее 13 миллиардами. Конечно, она моложе подкорковых пластов, но и ее трудно назвать обновкой.

Мозг человека решил приодеться в кору задолго до появления языка, рассудка или других «умственных» забав.

Зачем кора понадобилась?

Объясняю.

Организм — потомок пургатория получался нелепым и болезненным. И очень сложным в управлении.

А должность съедобного падальщика, которую ему предстояло занять, была крайне ответственной.

Поэтому, в придачу к базовым функциям потребовалась и масса дополнительных. Но в глубинных слоях все уже было битком набито. Даже, к примеру, крохотный регулятор слюнотворения там присунуть было уже некуда.

А помимо него нужно было обеспечить еще примерно 300 различных умений нового животного.

Для этого требовалась дополнительная нейронная масса.

К сожалению, праздношатающейся массы нейронов, готовой послужить для какой-нибудь внезапной потребности или развлекухи, попросту не существует. Как и нейронов «двойного действия».

Все надо формировать и выращивать. Специально под каждую функцию.

Постепенно и только по мере надобности.

Т.н. цереброгенез — это рынок, существующий по простому принципу: хочешь новую функцию — давай нейроны.

Хочешь сложную функцию — давай много нейронов.

Нет нейронов — нет функции.

Так что во втором акте комедии возникла проблема размещения новых свойств. Началось последнее наращивание мозгового субстрата.

Объем черепа увеличивать было нельзя. Он и так был предельным для прохождения через родовые пути самки.

Посему хитрая эволюция взрельефила поверхность полушарий. Это был ловкий ход. За счет воздымающихся извилин и глубоких борозд меж ними, площадь коры утроилась.

При таком раскладе эти (примерно) 300 новых физиологических и моторных потребностей тоже были обеспечены нейронной массой. В результате все разместилось. Разумеется, впритык, но череп не лопнул.

Отметим, что эти новации тоже не имели ни малейшего отношения к рассудочной деятельности.

В ней не было ни малейшей потребности. Род и так был обеспечен всем необходимым для выживания.

Наконец построение мозга младшего падальщика было полностью завершено. Объект сдан и принят в эксплуатацию.

Человек смог приступить к переработке скоплений мертвечины. А все свободное от работы время он посвящал промискуитету.

Вероятно, этот период в полтора миллиона лет был самым счастливым во всей истории человечества. Возможно, это и был тот самый Эдем, первичный рай, который имеет в виду религия.

Конечно, и homo периодически попадал на чей-нибудь зубок. Но такие события были в порядке вещей и трагически не воспринимались. Тем более что с барского стола саблезубцев всегда что-нибудь перепадало родным и близким покойного.

По крайней мере, никаких попыток сменить работу человек не делал. Как и не стремился к повышению по службе.

Его все устраивало.

И ничего не интересовало.

Что, на первый взгляд, несколько странно.

Допустим, что некоторые доли тогдашнего мозга были чуть беднее, чем у мозга современного нам. Это вполне возможно.

Но даже их обеднённого варианта было бы достаточно, чтобы подметить силу кислот, горючесть нефти или ковкость золота.

Подмечание неизбежно повлекло бы использование. Возможно, поначалу корявое, но неотвратимо прогрессирующее.

Однако этого не произошло в течение необъяснимо долгого времени.

Напомню, что мир плиоцена-плейстоцена на каждом шагу предлагал сырье для любых поделок и технологий.

В наличии, прямо под ногами, имелись ковкие железные метеориты, жильное золото, висмут, ртуть и алюмосиликаты.

Геологические обнажения (обрывы) были битком набиты углем, белемнитами и огромными зубами мегалодонов.

Пещеры ломились от сталактитов, кристаллов и руд, а кратеры — от наплавов меди, железа, свинца, стекла, асфальта и серы.

Из разломов пёрли газы, нефти, кислоты и кипятки.

Леса предлагали смолы, воск, масла, различные клеи и каучук, а трупы животных — нервные и сухожильные волокна, кожу и волосы.

Существо, способное построить простейшую причинно-следственную связь, неизбежно «зацепилось» бы хоть за одну из этих радостей.

Одна потянула бы другую, и наша тварь перешла бы с

орбиты звериных представлений на чуть более сложные.

Следующий шаг — ремесла, затем открытие артелей.

А через пару тысячелетий homo мог бы гонять до ближайшей падали на «Порше».

Возможности веществ и жидкостей были очевидны. Чтобы воспользоваться ими, требовалась только способность построить самую простую логическую цепочку.

И любопытство, которое, как двигатель, могло бы толкать мысль по цепочке выводов.

Но!

В течение миллионов лет по минералам и металлам скользил безразличный взгляд стайного трупоеда. Он ничего не замечал.

Он бубнил, стискивая камень, который геном прилепил к его лапе. Ему не было дела до стекла и нефти. На выходы жильного золота он валил экскременты, а на метеоритах дербанил падаль.

Эта невероятно долгая слепота, на первый взгляд, не имеет никакого объяснения.

Может возникнуть иллюзия, что «тот мозг» не имел ничего общего с мозгом современного человека. Но это не так.

Два миллиона лет не внесли в полушария никаких конструкционных изменений.

Произошли лишь небольшие размерные увеличения некоторых областей.

Но! Принцип работы нейронов, их связей, реакций и рефлексов в плейстоцене был точно таким же, как и сегодня.

Эволюционная история homo не оставляет никаких сомнений в том, что полушария Э. Шредингера — прямое продолжение полушарий стайного плиоценового трупоеда.

Повторяю, возможно, кора той эпохи и не обладала

всеми размерными характеристиками коры сегодняшней.

Но от нее никто и не требует пониманий волновой функции.

Речь идет о хотя бы лопате.

Увы. Полностью сформированный мозг не был способен решить ни единой рассудочной или интеллектуальной задачи.

Да он и не пытался этого делать.

Не потому, что он был плох или дефектен. Просто предназначение этого органа было совсем другим.

◆ ◆ ◆

Третий акт комедии начался вполне идиллически.

Миллион лет человек отлично выполнял свою работу, но к исходу плейстоцена свершился конфуз.

В скошенный лоб homo постучался рассудок. Он не был желанным гостем.

Рассудок потребовал пять миллиардов нейронов, бокал ликвора и теплый уголок, желательно в самом престижном районе мозга.

Разумеется, в размещении ему было отказано. Ни лишних нейронов, ни места в черепе уже не было. Все сформировалось, а разращиваться было некуда, т.к «череп не резиновый».

Рассудок, придя самым последним, банально опоздал на дележку жилплощади и ресурсов.

Достаться ему ничего и не могло.

М-да.

Жертвовать зрением или работой почек ради развития причинно-следственных связей, мозг, разумеется, не стал.

Но рассудок продолжал стучаться.

Дело в том, что мир трагически менялся.

Погода портилась. Очередное оледенение покончило с изобилием как трупов, так и съедобных насекомых.

Оставшись без работы, homo принялся вымирать.

Возможность примитивного изобретательства была для него последней надеждой выжить. А такое мог обеспечить только рассудок.

Израсходовав весь запас корректных спасений — эволюция дала ему этот рискованный шанс.

Конечно, так поступать не следовало. Но никому не приходило в голову, что возможность связать две палки закончится Бухенвальдом.

Использовав «отходы мозгового производства», эволюция таки пристроила в кору полушарий расширенную способность фиксировать взаимосвязи вещей и явлений.

Т.е. возможность добавлять звенья в цепочки ассоциаций.

Особо изобретать ничего не пришлось. Достаточно было сдуть пыль с еще одного завалящего гена и ввернуть его в оборот.

Глава XIII

ВТОРЖЕНИЕ РАССУДКА

Итак. Как это было?

Совсем недавно, примерно 50 000 лет назад, произошло событие, радикально изменившее поведение и образ жизни одного из зверей планеты.

Стайный падальщик homo пережил вторжение рассудка в свой череп.

Этот жуткий гость лишил животное всякого комфорта и спокойствия.

Самые первые ощущения, разумеется, были строго физиологическими. И крайне болезненными.

Дебют рассудка был подобен появлению в «абсолютной черноте головы» тлеющей тонкой нити. Нить жглась и беспокоила животное. Оно скулило и трясло головой, стремясь вытряхнуть внезапную пакость.

Но тлеющих ниточек становилось все больше, и разгорались они все ярче, увеличивая жгущее ощущение.

Шаг за шагом рассудок превращал простое звериное сознание в набор тлеюще-мерцающих обрывков тревог, наблюдений и загадок. Они плохо связывались между собой, но их количество росло.

Правда, животное понятия не имело, что творящееся в его голове — это «тревоги», «наблюдения» и «загадки».

Оно чувствовало лишь тошнотворную пульсацию картинок и звуков, зачем-то пришедших к нему в голову.

Мир необъяснимо расширился и наполнился обрывками угроз, которые раньше были неизвестны животному.

Чувство тревоги стало постоянным.

Как и распиравшая homo похоть. Она-то вообще получила особые права и возможности.

Теперь похоти стал не нужен запах и вид реальной вагины. Эта волосатая штуковина переселилась в череп и изнутри пощипывала человека видениями.

Голод, который всегда был безликим зудом, слепо толкавшим «найти» или «убить» — тоже обрел черты и образ. Окорок в голове оказался способен шкворчать и сочиться еще лучше, чем настоящий.

Поначалу рассудок был воспринят не как дар, а как мука.

Животное пыталось избавиться от наполнившего череп объемного зуда.

Бедные homo бродили, как зачумленные, пытаясь грязными ногтями выцарапать эту пакость из-под шерсти на голове.

Но все было тщетно. Человек был принужден к рассудку. Печать принуждения останется навсегда.

Как навсегда останется и желание освободиться от этого ига.

Мозгу, разумеется, было наплевать на страдания животного. (Точно так же, как ему безразличны родовые или иные боли.)

Он мог стереть с себя это паразитическое явление так же легко, как здоровая кожа избавляется от прыщей и дерматозов.

А мог и не стирать.

Почему не стер?

Да потому, что у рассудка нашлось, чем угодить древним угрюмым структурам.

Он стал их любимой забавой, шутом и аниматором,

очками смешанно-дополненной реальности.

Умножая впечатления и переживания, он, как никто, умел будоражить нейроны, удовлетворяя их вечную жажду возбуждения.

Сладкая эпоха чистого сознания закончилась.

Поясняю.

Сознание и рассудок — это совершенно разные явления. Меж ними нет ничего общего.

Засевшее в глубоких подвалах мозга сознание — это надежная, древняя штука. Это — банальная физиологическая функция, которая неизбежно есть у всякого животного чуть сложнее губки.

Сознание — это просто объемная, звучная, пахучая проекция реальности. Любой мозг, любая нервная система «читает» реальность, так как вслепую выжить невозможно.

Да, сознание бывает разного качества. Тут все зависит от рецепторов. Совсем хилая рецепторика и картинку мира создает приблизительную и мутную.

Не редкость — парочка сознаний в одном мозгу, как, например, у хамелеона, глаза которого абсолютно независимы друг от друга и способны одновременно фиксировать никак не связанные меж собою события. (Это равносильно способности читать и понимать два сложных текста одновременно.)

Само по себе — сознание безмолвно.

Оно не «разговаривает» со своим организмом.

Оно не задает вопросов, не подсказывает ответов.

Оно свершается автоматично и незаметно для особи.

Получив проекцию реальности и ее изменений, оно сигналит в нужные отделы мозга — и те без колебаний принимают все мышечные и химические решения.

Животное проживает свою жизнь, не подозревая об

этой работе. Все решения принимаются за него.

Рассудок же ведет себя нагло и безжалостно. Он дразнит и терзает, лезет с советами и провоцирует на ошибки.

Разумеется, он получил вид на жительство не за «красивые глаза», а благодаря способности создавать раздражителей больше, чем реальность.

Сам-то homo при этом, конечно, мучается, но бледные ядра и лучистости его подкорки наслаждаются адскими дозами возбуждений.

Стоп.

Миллион извинений. Но!

Для объяснения того, как рассудок был подсажен в череп, приходится использовать лукавый «эффект прокрутки».

Разумеется, процесс вторжения свершался шаг за шагом и был размазан по десяткам поколений.

Мы же вынуждены упаковать этот процесс в десяток фраз.

Может создаться ложное впечатление чуть ли не моментальности этого события. Напоминаю, такое впечатление будет ложным.

Продолжим.

Разумеется, наделение рассудком не было штучной работой с каждой отдельной тварью.

Отнюдь.

И свершилось оно не через добавление новой завитушки коры и не через увеличение лобных или иных долей.

Не пришлось прибегать и к оперативной нейрохирургии.

Homo не строились в волосатые очереди на трепанацию и коррекцию извилин.

Такого не было.

Как не было и тысяч взволнованных ангелов в белых халатах с микроскопами, фарширующих нейроны человека знанием всей пестроты мира.

Нет.

В полушариях все оставалось прежним и обычным.

На месте и «при исполнении», почти никак не тронутое переменами, осталось и сознание. Оно пока сохраняло большую часть полномочий. Но его борьба с рассудком за власть над поведением человека уже началась.

Появление рассудка в черепе человека — история не менее забавная, чем эволюция мозга.

Она тоже очень простая, без загадок и таинств.

Был ли рассудок человека новым и исключительным явлением в природе, не имеющим ни аналогов, ни происхождения от низшей формы?

Разумеется, нет. Разум — это не гость из иного измерения.

Здесь вновь настало время вспомнить основной принцип мироздания: нет ничего «нового» и «уникального».

Того, у чего нет эволюционной истории — попросту не существует и без колебаний может быть сдано в религиозный утиль.

Абсолютно всё, от галактик до лимонада, имеет этапы развития и свою анцестральную, начальную точку.

Эволюционную историю имеют не только тела, но и явления.

В том числе и разум.

Мозг любого размера и покроя его не генерирует. У него нет ни такой функции, ни такого потенциала.

Более того, разум гораздо старше и мозга, и сознания. Его первичную, примитивную форму мы легко обнаружим в протерозое.

Тогда миллиарды крошечных первичных организмов сливались в колонии.

Мозга еще не существовало, сознания — тоже.

А необходимость обедать, флиртовать и сражаться уже была. И все эти проблемы надо было как-то решать.

Современные нам мшанки, сифонофоры, парусницы и другие колонии микроорганизмов существенно меньше своих протерозойских пращуров, но организованы по точно такому же принципу.

Составляющие их зооиды не имеют мозга и начисто лишены сознания. Однако, слившись в колонию, они принимают верные житейские решения. Колонии демонстрируют вполне разумное поведение. И отлично чувствуют себя в самых злых океанах.

Примерно так же себя вели и их древние предки, демонстрируя первичный разум.

Чтобы ориентироваться, искать, охотиться, etc, etc, организмам не нужен мозг.

Достаточно единства множества взаимозависимых клеток, связанных общностью интересов, типом питания и размножения.

Разуму не нужны даже рассеянные нейроны.

Это доказывают желтые плесневые грибы, способные к удивительным рассудочным трюкам. В этом же убеждают шастающие по лесам красавцы-плазмодии.

А венерины мухоловки, которые даже и не грибы — демонстрируют наличие отличной памяти. Что, впрочем, делают и сплавы металлов, начиная с никелида титана.

Да и кроме вышеупомянутых — полно успешных видов, которые не имеют нервной системы, однако, отлично соображают и запоминают.

Память, разумеется, не нуждается в мозге. Смешно. Это мозгу нужна память материи, чтобы из жирных кислот каждый раз складываться в орган.

Память чуть-чуть древнее разума. Без нее невозможна самоорганизация материи, все химические и физические события.

Это очень простая штука, надежно сделанная из набора известных связей: электронных-ковалентных-водородных и пр.

Кирпич, который не «помнит», что он кирпич — обречен.

В элементных и твердых формах память почти безупречна. А вот в биологических она может сбоить. ДНК делалась второпях и получилась очень уязвимой. Из-за этой халтуры биота далека от совершенства.

(Но зато регулярно наполняются формалиновые банки в кунсткамерах, а анатомы радуются новым экземплярам уродцев.)

Ничего не поделаешь.

Так уж вышло, что от «мамы-материи» биологическим формам достался эконом-вариант древнейшего свойства.

Но для потребности биоты достаточно и его.

А там, где есть память, при необходимости легко заводится и разум.

Итак.

Колонии безмозглых микроорганизмов протерозоя — это и есть начальная точка биологического разума.

С тех давних пор практически все живое таскает в себе ген этого полезного свойства.

Чаще всего он дремлет в темном углу генома или используется весьма умеренно.

Но при необходимости ген легко активируется и «берет штурвал».

Разум — это строго коллективное явление. Он не может быть достоянием одной особи. Ему нужна крепкая общность зооидов, одержимых желанием выжить. Т.е. — колония.

И чем она многочисленнее, тем богаче разум.

А вот размер участников такой колонии может быть любым.

Такие понятия, как «большое» и «маленькое» — это литературщина. Для эволюции — пустой звук. Она с одинаковым успехом жонглирует, как галактиками, так и квантами.

Напомню, что сифонофор и мшанок обозвали «микроорганизмами» те существа, которые с высоты вороньего полета сами-то выглядят как икра уклейки.

А уж для высочайшего ока эволюции «род человеческий» — это тоже всего лишь обычная колония микроорганизмов.

Напомним, что для эволюции слово «человек» означает не особь, а всю популяцию.

И над ней властны те же законы, что когда-то позволили протерозойской биоте объединиться и противостоять среде.

Сам по себе биологический разум явление крайне незатейливое.

Да, он позволяет колонии чавкать планктоном, выбирать правильные места на донных камнях, булькать ядовитыми пузырями, дурманя рыб и т.д. и т.п.

Это все важные умения, но применить их можно только в дайвинге.

А вот если есть необходимость изобрести хотя бы примус или выборы, то этот древний дар надо хорошенько замешать с возможностями нейронов, а также с рефлексами, агрессиями и «ловкостью рук».

Такой коктейль надо долго взбалтывать, доводя до

полной однородности. Лучшим миксером являются страдания вида. Отлично работает голод, вымирания, вечная опущенность.

Время «взбалтывания» — около 20 000 лет. Но! Без всяких гарантий.

Тут уж, как повезет.

Если хоть один компонент этого микста отсутствует, то ни черта не получится, сколько не взбалтывай.

Мадагаскарская руконожка (к примеру) имеет изумительные по чуткости кисти грудных конечностей. Она могла бы создавать несравненную ювелирку или стать звездой нейрохирургии, ярче самого Пенфилда.

Но с нейронами у руконожки откровенно плохо. Поэтому не она своими уникальными пальчиками запирает клетку с homo, а он с ней.

А вот морская корова с ее богатейшим мозгом — не располагает вообще никаким пальцевым потенциалом и поэтому не способна на карманную кражу даже в переполненном трамвае.

Но если весь набор в наличии и нужная кондиция коктейля достигнута, то примус неизбежен. А также марсоход, Паскаль и подгузники.

Человек, конечно же, пролез в повелители планеты благодаря своей первой и основной профессии.

Дело в том, что ремесло падальщика сложнее искусства хищника и работы травоядцев. Оно самое изощренное и многовариантное из умений, а посему требует огромного количества как одиночных, так и сочетанных рефлексов.

На секундочку приостановимся и вспомним: вся история человека, его науки и культуры — это просто поиск его нервной системой новых, все более сильных раздражителей, изобретение причудливых комбинаций звуков, цветов, образов.

То, что homo принимают за переборы своих «душевных струн», за вибрации «внутреннего мира» и «мысли» — на самом деле просто зуд нейронов, изголодавшихся по новой и остренькой «дозе».

Вся цивилизация — это производная свойств нервных клеток.

И культ Озириса, и третий Рейх — это все просто проделки нейронов.

Разумеется, первичные колонии микроорганизмов — не сами изобрели разум и не прописали его с чистого листа.

Просто в них удачно аукнулась старинная способность материи к самоорганизации.

К той самой самоорганизация, что разумно мастерит планеты и выстраивает их в чрезвычайно разумные гравитационные системы, подобные Млечному пути.

Эти системы, строго говоря — тоже колонии, где все составные — взаимозависимы. Правда, в масштабах вселенной и их можно обозвать микроорганизмами.

(Да они и внешне похожи на светящихся мшанок).

Кстати! И сам мозг скроен по принципу колонии микроорганизмов. Просто вялые зооиды замещены пронзительными нейронами.

При желании можно идти и глубже. Можно прочертить весь путь этого свойства, начиная с добольшевзрывной квантовой пены и нюансов ее поведения.

Это легко, но к нашей теме не имеет прямого отношения.

Так что и фиг с ней, с этой полной историей разума, как природного явления.

Нет смысла загромождать ею текст.

Глава XIV

ПТИЧЬИ ПРАВА РАЗУМА

О да, пристраивая рассудок в черепа человечества, эволюции пришлось изворачиваться и хитрить.

Чтобы освободить хоть сколько-то нейронов для создания рокового коктейля, пришлось лишить человека способности шевелить ушами. А также слышать ультразвук и расшифровывать сложные запахи. Эти способности были списаны.

Обмен шевеления ушами на Библию и институт брака, несомненно, был ошибочным решением.

Но это стало понятно позже, когда эксперимент уже вышел из-под контроля.

Кое-что для коктейля удалось наскрести и в подкорковых структурах. Правда, совсем чуть-чуть.

Но и рассудок умерил аппетиты. Он согласился довольствоваться остаточными импульсами и некоторыми связями коры.

Строго говоря, разум стал скорее эффектом, нежели закрепленным свойством.

Дом мозга строился эволюцией не затем, чтобы внести поправки в таблицы Птолемея или натянуть презерватив. Он создавался не для рассудка, мышления, интеллекта и т.д. И, разумеется, без всякого учета их интересов.

Именно по этой причине рассудок человека так хрупок и зависим от любых колебаний физиологии.

Боль, эмоции, сон, алкоголь — сразу подминают его под себя. А могут изувечить или просто отключить.

По этой же причине рассудок не наследуется, и каждого нового человека приходится приучать к унитазу.

Унитаз, как и другая «память поколений», мог бы закрепиться только в стабильной мозговой структуре. А в эффекте такая возможность исключена.

Своего адреса в извилинах у рассудка так и не появилось. Какая-нибудь секреция панкреатического сока имеет постоянную прописку, а он — нет.

Тем не менее, мозг оказался достаточно велик, чтобы обеспечить рассудок обрывками связей и рассеянными нейронами. Разумеется, по принципу «остаточного финансирования».

Отметим и еще один важный момент.

Потеря любых глобальных функций всегда превращает полушария в квашню.

Особенно круто уродуют мозг такие популярные беды, как «Альцгеймер» и «Паркинсончик».

Эти хвори быстро обрушивают тьму функций: от тонкой моторики до удержания мочи. Извилины тощают и разваливаются. Обнажается дно борозд.

Все логично.

Если исчезает функция — скукоживается и та часть мозга, которая ее обслуживала. Это называется — атрофия. Она неизбежна.

Если животное лишается обоняния — то и бульбусы (обонятельные луковицы) мозга — морщатся и мельчают.

Если покончено с глазами, то зрительный нерв становится тонюсеньким, а хиазма — жалкой и до того невнятной, что ее бывает сложно нащупать.

И лишь отсутствие «умственной деятельности» никак не влияет ни на архитектуру, ни на физиологию, ни на цвет мозга.

Нет даже намека не только на атрофию, но даже и на легкую дистрофию. В нем не происходит вообще никаких изменений.

Мозг остается плотненьким, нарядным и сияет как ни в чем не бывало.

Именно такие сияющие полушария носили эргастеры, эректусы и другие чудо-богатыри плейстоцена, не имевшие понятия ни об интегралах, ни о трусах.

Такой же бравой кондицией мозга радуют анатомов и современные «мауглеоиды», выросшие без контакта с людьми и способные только мастурбировать и кусаться.

Так что предъявлять к мозгу претензии по поводу его «умственной» слабости — это очередная глупость.

Никаких обязательств он на себя и не брал. Мозг лишь делает одолжение, предоставляя ошметки своих потенциалов для интеллектуальных забав.

◆ ◆ ◆

Начался последний акт церебральной комедии.

Со временем мозг оказался кормушкой для всякой научной мелкоты.

В один прекрасный момент мелкота забыла запереть дверь в тему. И туда сразу пролезла культура.

Теперь уже она взялась постигать и воспевать содержимое человечьего черепа. В своем обычном стиле. То есть шумно, безграмотно и без всякой привязки к реальности.

Со временем культура вытолкала робких научников вон и объявила себя лучшим другом мозга. И его единственным знатоком.

Все могло бы обойтись благополучно, но, к сожалению, о кривляниях культуры узнал и сам мозг.

Тут-то и началось самое забавное. Заварился цирк.

Наш липидный работяга всю жизнь регулировал мочетворение и рвоту. Будил эрекцию. Честно трудился на производстве пота. Он вкалывал на черных физиологических работах, знал свое место и даже не помышлял об иной роли.

И вдруг мозг узнает, что на самом деле он не скромный труженик, но «принц, мыслитель и жуткая тайна». А будучи туповат, он сразу в это верит.

Да, действительно, по воле культуры, которая умеет врать все обо всем, мозгу достались лавры, не имеющие к нему никакого отношения.

Из него получился отличный очередной идол.

В упоении никто не обратил внимания на то, что этот мозг может обмануть даже индийский фильм, заставив человека рыдать или ликовать.

Иными словами, мозг, которого следует стесняться — возвели в ранг непостижимого сокровища и «главного секрета вселенной». Отравленные культурой представления возвели случайный, не закрепляющийся эффект в главную и основную задачу мозга.

О да. Мы увлеклись.

А нам пора вернуться к загадке слепого урода и его шедевра.

Тени великих физиологов воют, как сирены воздушной тревоги. Они предупреждают о приближении к границе страшной темы.

Действительно. Ситуация, на первый взгляд, конфузная.

Напомню, что парадокс заключается в поразительном несоответствии возможностей творца и результата творения.

Итак.

Есть немощный мозг.

И есть его продукт. Т.е. созданная им цивилизация. Она считается великой.

Кем считается? Кто же этот эксперт, давший столь высокую оценку?

Да все тот же самый мозг, возможности которого крайне ограничены.

Но других экспертов попросту нет. Академическая наука плоть от плоти этого органа. Она нервно безмолвствует, прижавшись к ножкам (педункулусам) родителя.

Круг забавно замкнулся.

Ситуация была бы безвыходной, но, к счастью, существуют пьяные землекопы и их методы познания мира.

Дело в том, что землекоп не всегда в состоянии вспомнить, что именно он выкопал в алкогольном помрачении.

Он точно знает, что «что-то копал». Но не помнит — что именно и где именно.

А смета должна выглядеть правдоподобно.

И тогда включается первый закон пьяного землекопа. Он гласит:

«Наилучшим способом определения масштабов выкопа является осмотр инструмента, которым данный выкоп был произведен. Если он сделан садовой лопаткой, то выкоп точно не является Марианской впадиной или Суэцким каналом».

Эта методика отлично подходит для решения и нашего вопроса. Закон все расставляет на свои места.

Познав и осмотрев основной инструмент создания цивилизации, мы обречены сделать вывод:

Та великолепная цивилизация, которая создана слабым мозгом, скорее всего, не является ни великолепной, ни цивилизацией.

А все восторги порождены лишь тем, что настоящей цивилизации никто и никогда не видел.

Но!

Из этого не стоит делать трагедию.

Факт надо принять спокойно, с достоинством. Все равно сравнить и понять, как выглядит действительно развитая цивилизация, человечеству явно не светит.

Так что можно не переживать. Человек навсегда останется в самодовольном неведении.

Жалкий мозг обеспечит и эту жалкую радость.

Глава XV

ХОРОШО ОТКОРМЛЕННАЯ ХИМЕРА

Случайному эффекту коры, разумеется, была незнакома не только «тяга к знаниям», но и самое простое любопытство.

Увы.

Его было не от кого унаследовать.

Вселенная — малоприятное местечко. Здесь дурацкие законы.

Здесь, чтобы что-то иметь, это «что-то» необходимо унаследовать от предковых форм.

Данное правило в равной степени распространяется на всю материю.

В том числе и на т.н. «живую».

Обидно и глупо, что свойство нельзя купить или украсть. Все только «через завещание».

Да, развить и приумножить наследство, конечно, можно. Утратить тоже, но не бесследно. Оно просто притаится.

Что такое любопытство?

Это непобедимая потребность пройти по цепочке явлений к их первопричине.

Но животные не имеют такой потребности. У них нет необходимости расшифровывать тонкости мироздания. От знания исходной точки события не зависит ни выживание, ни размножение.

По этой причине не существует и той структуры мозга, которая могла бы запускать механизм познания причин.

Безразличие животных абсолютно и непобедимо.

Гравитация не интригует бегемота. А цинодонта не волнует аэродинамика жука.

При ином раскладе палеозой стал бы конгрессом натуралистов, что в ту тяжелую пору было бы не вполне уместно.

Да, животные способны испытывать т.н. «интерес».

Но то, что маркируется этим красивым словом — простая концентрация внимания на изменениях или перемещениях известного.

Этот «интерес» — всего лишь щупальце рефлекса.

А вот неведомые раздражители рефлекс не запускают. Они либо игнорируются, либо пропускаются по «ведомству страха». А это мощное чувство все стрижет под одну гребенку, просто бракуя и отторгая.

Идеальной иллюстрацией служит толпа кудрявых оболтусов, забравшаяся на борт «Индевора» (корабля Джеймса Кука) в апреле 1770 года.

Все они принадлежали к племени Куугу.

Никогда и никаких кораблей, клямсов, бимсов и пушек кудрявые не видели и не подозревали об их существовании.

Кук хотел потрясти дикарей австралийского побережья флотской эстетикой, которую на тот момент воплощал его 22 пушечный барк.

Но!

Куугу игнорировали якоря, квартердеки и такелаж. Остались равнодушны к румпелям и штурвалам. Даже образцовый гальюн «Индевора» у кудрявых не вызвал ни малейшего интереса.

Для них не существовало корабля, по палубе которого они разгуливали.

Чувства, причем сильнейшие, у них вызвали лишь черепахи, выловленные на матросский суп. Вот тут куугу расплясались, развылись и заверещали. Черепашки подверглись тщательному осмотру и ошлепыванию.

◆ ◆ ◆

Да, носок, смоченный лубрикантом течной суки, обязательно будет выкопан кобелем из кучи других носков.

Но тот же самый кобель, учуяв неизвестный запах — никогда не начнет раскопки. Как бы остро эта неизвестность не пахла — ни малейшего желания добраться до нее не возникнет.

Человек унаследовал свой мозг от предковой цепочки животных. Вместе с прочими радостями ему досталось и полное безразличие к миру и его загадкам.

Миллионы лет оно передавалось из черепа в череп. На мягких извилинах homo безразличие расположилось так же уютно, как и под лобной костью аллигатора или тюленя.

Именно по этой причине человек и прощелкал клювом полтора миллиона лет, не видя и не слыша крайне соблазнительных предложений природы.

Понятно, что у него была уважительная причина. При всем желании — «природному любопытству» человека просто неоткуда было бы взяться. Предковая цепочка не могла передать его, так как сама не имела.

Явление рассудка должно было все изменить. Но этого не случилось.

Банкет, сервированный в плейстоцене, продолжился в Шумерах. А затем и в Египте.

Смотрите сами.

Примерно 30-50 миллионов человек населяли Египет

от его первой до его 31-ой, финальной, династии.

Из них, как минимум, десять миллионов стали хорошо просушенными и раскрашенными мумиями.

Что это означает?

Прежде всего, то, что командами «парасхистов», «тарихевтов» и жрецов Анубиса было сделано примерно 10 миллионов полостных вскрытий женских, мужских и детских тел.

На бронзу разделочных столов ложились дамы на разных стадиях беременности, старики, новорожденные, а также носители редких патологий и аномалий.

Дело в том, что египетская мумификация была отнюдь не целиковой засолкой и сушкой человеческих туш.

Это было тщательное разъятие тела с выемкой всех внутренних органов. Каждый извлеченный орган омывался и бальзамировался. Концентрированный раствор натра, в котором 40 дней вымачивался мертвец, обязательно отслаивал кожу, волосы и ногти.

Если натровый рассол был крепковат, то отпадали еще и соски, фаланги пальцев, мошонка, пенис, ушные раковины и губы. Отлохмачивались даже верхние слои мышц.

К концу отмокательно-засолочного процесса тело представляло собой просто набор органов.

Данный анатомический конструктор надлежало собрать заново, не утратив ни единой детали.

(Дело в том, что некомплектные покойники на суд Озириса не допускались. Даже кожу, срезанную со стоп, мертвецу надлежало иметь с собой, в мешочке, как первокласснику — сменную обувь.)

Эти действия свершались повсеместно и ежедневно на протяжении почти 3000 лет.

Тут-то и начинается величайшее из всех египетских чудес.

Т.е. нечто, на первый взгляд, абсолютно необъяснимое.

Обозначим загадку конкретнее.

Египетская ритуальная возня с одним трупом продолжалась примерно 50 (в среднем) дней. Это 1200 часов, как действий, так и наблюдений.

Перемножив 1200 часов на общее количество древнеегипетских мумификаций (т.е. на 10 миллионов) мы получим 12 миллиардов часов, которые Древние Египтяне потратили на распатронивание и запатронивание своих мертвецов.

Стоп. Секундочку!

Но это же 12 миллиардов часов полноценной клинической секционной практики.

Это 12 миллиардов часов наблюдений за внутренним строением организма, а также за связями меж поражениями органов и проблемами здоровья.

Результатом этих 12 миллиардов часов неизбежно должны были стать точные анатомические атласы, реестры болезней, патологий и травм.

При наличии письменности, языка, специальной касты, занятой только этим делом и ничем иным, неизбежно должны были образоваться обширные и точные знания в анатомии, физиологии и медицине.

Но! Никаких наблюдений. Никаких анатомических атласов. Никаких пониманий. И никакого любопытства к важнейшему механизму жизни человека, к его организму.

При этом ничто человеческое древним препараторам было не чуждо.

Их служение Анубису даже не пахло аскезой или религиозной прострацией.

Не случайно мертвых дам отдавали в руки парасхистов только подтухшими.

Дело в том, что у этой братии была цеховая традиция — насиловать любые попавшие к ним женские тела.

Чтобы немного попортить жрецам удовольствие, покойниц выдерживали дома до появления явных признаков разложения.

Но! Если верить вруну Геродоту — опарыши в вульве не портили сексуальный аппетит служителей Анубиса.

Потребность в медицинских и санитарных познаниях была огромна. Это не паровоз, без которого можно и обойтись. Это избавление от мук, напрасных смертей, болезней и ран.

Помимо всего прочего, эффективная медицина — это власть.

Да и товар. В страдающем мире он доходнее, чем даже кожа бегемота.

Древние Египтяне были чрезвычайно больным народом.

90% населения, включая фараонов, страдали мочеполовым шистосомозом, т.е. они мочились кровью. В ассортименте были все виды рахитов, экзем, малярия и костные патологии.

Не лучше обстояли дела и с санитарией.

Бабушка Тутанхамона, у которой сохранились волосы, сквозь эпохи донесла до нас весть о древнеегипетской завшивленности. Даже после 40-дневной натровой ванны, бальзамирования, смоления и пеленания — ее лобковый волос сияет сотнями древних гнид.

Несомненно, врачевательство как таковое существовало.

Лекаря суетились и в Верхнем, и в Нижнем царстве. Они бормотали заклинания и малевали бредовые папирусы.

Самый знаменитый из них «папирус Эберса» был обнаружен в анусе мумии древнеегипетского доктора.

Что представляет собой «папирус Эберса»?

Это двадцать метров абракадабры, закрученной в свиток. Тот, кто вставил его врачу в задницу и вместе с ним похоронил, поступил абсолютно правильно.

Во всех медицинских трактатах Египта смешно все без исключения, но особого внимания заслуживают тесты на беременность, а также представления о сердце, зрении и месячных.

Итак, египетское сердце — это главная часть пищеварительной системы. Своими толчками оно загоняет финики и пиво в кишечник. Это же сердце вырабатывает слезы. А также мочу.

У врачевателей той эпохи не было ни малейших сомнений в том, что месячные чаще бывают у мужчин, чем у женщин, а слепоту лечат поеданием глаз свиньи или промыванием кровью летучих мышей.

Прекрасен и тест на беременность. Под калазирис (платье) пациентке задвигалась дымящаяся жаровня.

Если дама была «в положении» — то весь дым, не имея ни выхода, ни прохода — оставался под юбкой.

Если не была, то проникший в ее вагину дым — мог свободно подняться до горла и выйти наружу через рот и уши.

Любое мимолетное наблюдение докажет обратное.

Но дым из ушей — становится догматом египетской медицины. И визитной карточкой ее немыслимой тупости.

Иными словами, в течение трех тысяч лет Древний

Египет демонстрирует слепоту, не имеющую никакого рационального объяснения.

Препарируя миллионы трупов — он ничего не замечает, не делает никаких наблюдений и выводов. Организм человека ему не интересен.

Тело — это лишь объект культовой практики. Предмет для предъявления богам. И ничего более.

Основная забота египетских препараторов — нацепить маски шакалов и соблюсти последовательность разрезов и гимнов.

Более того.

Лысые трупорезы Египта бальзамировали не только людей. Миллионы ибисов, кошек, крокодилов, соколов, баранов, быков и павианов тоже были превращены в мумии.

Их вскрытия, соотносительно со вскрытиями людей, неизбежно образуют понимание родственности всех организмов и их общего происхождения.

Тела номархов и жриц разделывались бок о бок с павианьими и крокодильими трупами. В один и тот же натровый маринад опускалось сердце фараона и сердце верблюда.

А кишки страусов сплетались с кишками вельмож.

Это же в чистом виде уникальный практикум по сравнительной анатомии!

А она не может не зацепить. Родство организмов не может остаться незамеченным.

У парасхистов было все, чтобы положить начало подлинной биологии и сравнительной анатомии.

Но и тут Древний Египет ухитряется сохранить безразличие. Он полностью игнорирует очевидность.

Его волнует лишь последовательность заклинаний Книги Мертвых. А из бегемотов и фараонов он тупо штампует кадры для страшного суда Озириса.

12 миллиардов часов клинических наблюдений не оставляют никакого следа ни в папирусах, ни в лечебных практиках.

Это «чудо полного безразличия» наглядно доказывает, что «пытливость» и «любопытство» совершенно чужды «чистому» мозгу homo и являются позднейшим, искусственным изобретением, а не свойством полушарий.

Древнеегипетская ситуация поразительно напоминает равнодушие стайного homo к предложениям среды.

И его неспособность замечать и связывать явления.

Как видим, в Египте еще рулит корневое свойство, доставшееся от тысяч поколений предков. Его преодоление еще даже не началось.

Любопытство не зародилось.

Да, идет вялое накопление ремесленной и бытовой мелочевки. Ею медленно, век за веком, пропитывается обиход. Но! Никакой потребности знать что-либо, лежащее за пределами хорошо известного, не возникает.

Впрочем, что там Египет!

И в XXI веке люди тотально демонстрируют то же самое пещерное безразличие. И сегодня мозг homo не знает вкуса правды. И не испытывает в ней ни малейшей потребности.

Любопытство не тащит homo по цепочке фактов к первопричине явления. Оно не становится мотором мышления.

В противном случае все население планеты во всех нюансах бы разбиралось в квантовой механике, космологии, эволюционной биологии и других основах жизни. Не знать этого было бы невозможно.

Ведь если любопытство — это непобедимая потребность знать, то и закончиться оно может только там, где заканчиваются факты.

И никак не раньше. Проникновение в суть вещей и событий не может прерваться на полпути или ограничиться бреднями про богов.

Если любопытство — природное свойство, еще одна «потребность», то она должна быть так же всевластна, как голод, страх, жажда. И должно автоматически выводить каждую особь к созданию максимально полной и точной картины мира.

Ясно одно.

Если бы любопытство было свойством мозга, то оно неотвратимо приводило бы каждого человека к пониманию конструкции жизни. Даже вопреки желанию. Процесс познания было бы не остановить.

Акула не может отключить свои «ампулы Лоренцини», а светлячок — погасить свою задницу. Это глобальные свойства их нервной системы. Акула всегда и везде будет различать тончайшие электроимпульсы, а светлячок обречен светить попой, даже когда у него нет ни малейшего желания это делать.

Так и homo был бы вынужден непрерывно познавать. И знание дотла выжгло бы религию и искусство.

Смешно было бы культивировать откровенную глупость или просто сохранять ее, как милый артефакт. Знание реальной механики мира, увы, безжалостно указывает истинную цену красивых выдумок культуры и отключает к ним всякий интерес.

Следовательно — никаких Данте с его дурацкими кругами. Никаких «троиц» и Будд.

Наделенный элементарным любопытством мозг не плакал бы от сериалов и не бегал бы со спичками за г-ном Дж. Бруно.

Наличие любопытства, как врожденного свойства,

радикально изменило бы всю картину цивилизации. Она вообще ничем бы не напоминала то, что существует сегодня.

Сегодняшняя — это именно то, что должно было бы создать животное, получившее возможность обеспечить свои потребности в еде, размножении, убийстве, играх и других раздражителях НС.

Но!
Мы видим, как жестко срабатывает плейстоценовый принцип, согласно которому животное готово узнать лишь то, что оно уже знает. Лишь то, что входит в привычный набор раздражителей и в орбиту сложившихся представлений.

И то не больше, чем отмерено социальной ролью.

Все остальное человеку так же безразлично, как жрецу Анубиса строение печени.

Видим и самое скверное: незнание не мешает ему жить, не делает жизнь невыносимой. Оно не ощущается не только как трагедия, но даже как дискомфорт.

Любую ложь люди благодарно едят с любых рук. И так же бездумно, как древние египтяне, довольствуются теми суррогатами, которые подсунули им религия, культура и традиции.

Да, слово «любопытство» существует. Оно прочно держится в лексиконе.

Более того, любопытство считается двигателем «развития».

Но «развитие» человека — это очередная, хорошо откормленная химера.

Позвольте, а где результаты этого «развития»?

О каком развитии можно говорить применительно к существам, 99% популяции которых до сих пор сохраняет веру в богов, духов, душу, а также послушание диктаторам?

Дело в том, что под «любопытством» понимается не желание добраться до сути вещей и явлений, а простой поиск привычных раздражителей.

Да, у homo наработался набор известных интересиков. Их круг не велик и давно очерчен.

Читатель романа мало чем отличается от кобелька, роющегося в старых носках.

Как и всякое другое животное, homo готов копать «носочную кучу» реальности, только повинуясь зову хорошо знакомых, соблазнительных запахов: секса, денег, имущества, власти и развлечений.

К любопытству и жажде познания все это не имеет никакого отношения. Провокатором поиска выступает простая физиология и наборчик старых рефлексов, разработанных еще синапсидами.

Правда, вся предковая цепочка человека оттачивала эти рефлексы на натуральном продукте.

Чтобы испытать сладость убийства, необходимо было убить. А любовь познавалась через рёв и содрогание оргазмирующей самки.

А вот культура позволяет любить, даже не расстегивая штанов. Кровь, страх, восторг она научилась кодировать в словах и пикселях.

Ну и мозг оказался настолько глуп, что поверил ей.

Увы и ах.

В общем, с мифами о любопытстве и «жажде познания» приходится прощаться.

Новость не самая приятная, но трагедию и из нее делать не стоит.

Это все равно непоправимо.

Надо храбро признать, что — да, естественный мотиватор знания, увы, начисто отсутствует.

С этим-то все понятно.

Тем не менее, любопытство существует.

Оно является сверхредким свойством. В массе homo его процент невычисляемо мал.

Ведь Галилей, Борн и другие ученые «собачки» рылись именно на неведомый запах. Их поиск невозможно объяснить физиологией.

Но!

Если любопытство не является врожденным свойством — то откуда оно взялось у них, а также у Вольты, Сваммердама и у прочих «гениев»?

Объясняю.

Оттуда же, откуда у собаки-ищейки берется желание искать предметы, лично для нее не представляющие никакого интереса.

Шеллак и сажа ничем не соблазнительны для собаки. Они не обещают ни еды, ни половых радостей.

Тем не менее, ситуация, при которой эта собака будет азартно искать ваксу, сделанную из этих компонентов, не является чем-то чрезвычайным. Она просто должна пройти специальный курс дрессировки.

Человеческое любопытство имеет точно такую же природу.

Да, дрессировочную. Просто дрессировка ученых гораздо более глубокая и долгая, чем та, которую получает овчарка или гамбийская крыса, разыскивающая мины.

И в человечьей популяции есть свои мопсы, свои охранники, а есть и выученные ищейки.

Иными словами, любопытство — это профессия. Не более того.

Ничего страшного. Даже и таким жалким образом в веселой картине мира удалось кое-что разнюхать.

Глава XVI

ВЕЛИКАЯ МОЗГОВАЯ ПУСТЫНЯ

Стоит поковыряться в происхождении основ поведения человека, чтобы ГУЛАГи, балет и теракты перестали быть загадкой.

От внуков стайных падальщиков плейстоцена странно было бы ожидать чего-либо иного.

Могло ли все быть иначе?

Был ли шанс привести историю цивилизации не к дверям газовой камеры? И не сделать главным символом мира скрещенные доски с прибитым к ним трупом?

Была ли надежда отцепиться от проклятых корней плейстоцена?

Порвать с первобытными представлениями, всюду видящими то духов, то господина?

А порвав — иметь другую историю, другую науку и другую «человечность»?

Без богов, рабов и войн.

По всей вероятности, нет. Этого шанса и не было.

Реально ли было внести коррективы в полностью сформированное существо?

Легионы наивных улучшателей человека пытались делать это с помощью просвещения.

Хм.

С таким же успехом можно делать массаж бронзовой статуе. Даже если над ней употеется тысяча массажистов, статуя не поменяет ни позы, ни структуры.

Напомню, что и в XXI столетии барышни Бирмы удлиняют шею витками проволоки, христиане едят своего бога, русские жгут вечные огни, фанаты богини Парвати подвешиваются на крюках за кожу спины, агхори ловят в Ганге трупы и жрут их, а на Мадагаскаре мертвецов выкапывают и развлекают стриптизом.

Участники этих обрядов не считаются умалишенными.

Тех же, кто смеет усомниться в адекватности этих забав — сажают, избивают или убивают.

Человек, в принципе, безнадежен. И, соответственно, обречен. Его вектор — бездна.

И это справедливо.

Существо с таким мозгом ни на что другое рассчитывать и не может.

Без набора точных знаний о мире оно обречено шептаться со скарабеями. А точные знания отвергаются абсолютным большинством, так как противоречат культуре. И приятному мифу о «гениальности» и тайнах мозга.

Тут следует набраться мужества и признать, что сумма относительно точных представлений о мире, т.е. интеллект — существует не благодаря мозгу, а вопреки ему. И отдельно от него.

А собственный интеллектуальный потенциал мозга человека равняется чистому нолю.

Попытавшись разгадать природу волновой функции или аспирина только «силами мозга» — мы увидим, как его извилины оживают и складываются в большой веселый кукиш.

Природные «умственные» потенциалы полушарий навсегда оставили бы homo в среднем плейстоцене. Он бы по сей день ковырял камешком падаль.

Вторгшийся в них разум существенно изменил картину. Несомненно, он обеспечил выживание рода человеческого.

Но! Хвастаться тут особо нечем. Массовый разум позволил homo размножиться и закрепиться, но он мало на что способен.

Руководствуясь только им, человечество дотрюхало бы до уровня X-XI веков, но там бы навсегда и остановилось.

Европа бы вечно воняла калом и горелыми ведьмами.

На каждом шагу громоздились бы «Нотр Дамы», а астрономией рулил бы Леон Аллатиус, утверждавший, что кольца Сатурна — это вознесшийся препуций Иисуса Христа.

Поносы и отравления надлежало бы лечить глотанием изумрудов, а мигрень — сверлением дырок в черепе.

Все прочее было бы в таком же духе.

Разум — это отличная штука, но следует помнить, что он впитал в себя все бредни со времен неолита. И смертельно заражен ими. Так что ни научных открытий, ни развития от массового разума ждать и не следует.

Изобретая свои сакральные глупости, он 5000 лет ходит по кругу. Все его потуги однообразны, создать изощренные раздражители ЦНС разум не в силах.

А потребность в них есть. Спрос не велик, но он есть. Не все согласны веками жевать «тело бога», внюхиваться в «дым отечества» или маршировать.

Посему зарождается мышление, которое со временем становится врагом и конкурентом массового разума.

Только оно одно и делает картину жизни человеческого рода не такой уродливой.

Мышление стерильно от религий, табу и любых убеждений. При попадании этого мусора в его механизм оно просто отключается.

В мышлении нет ни тайны, ни загадки. Это скоростная, свободная комбинация и рекомбинация всех точных знаний о предмете. В какой-то момент элементы знания вступают в реакцию друг с другом, и тогда образуется абсолютно новый элемент или новое понимание.

Это очень увлекательная штука.

Механизм его предельно прост. Надо всего лишь собрать все факты и из предложенного набора сделать единственно возможный вывод. Если вывод верен, то он тут же вщелкнется в уже имеющийся массив представлений о предмете. Все зубчики и изгибы нового вывода идеально совпадут с очертаниями «дырочки» в массиве уже известного.

Дату рождения мышления установить невозможно, но первые его пульсации прощупываются во времена Аристарха и Демокрита.

Мышление бессильно в житейских проблемах. Да, оно вооружает истинным цинизмом, но верных ответов на бытовые вопросы не подсказывает.

Всегда представленное мятежными одиночками, мышление, как правило, преследовалось. Но именно оно поменяло мир, частично вытащив его из неолитического и средневекового дерьма.

Благодаря ему совершены все научные открытия, коллекции наблюдений превращены в интеллект, и сложился пантеон гениев.

Конечно, массовое мышление могло бы обеспечить человечеству совсем иную судьбу.

Но, к сожалению, оно не свойственно роду homo. У этих существ прецеденты мышления наблюдаются, но только как редчайшая аномалия.

Увы, я не шучу.

Смотрите сюда.

Согласно Таттерсалю — общая численность всех людей, когда-либо живших на земле, равна примерно ста миллиардам особей.

(Согласимся с этой цифрой. Она не бесспорна, но выглядит не хуже любой другой.)

Если бы одномоментная выемка всего мозгового вещества у этих 100 миллиардов была бы возможна, то мы получили бы примерно 85 миллионов кубометров извилин, борозд, оболочек, охвостьев черепных нервов и т.д.

Это впечатляющая куча, равная по объему 33 пирамидам Хеопса.

А если размазать кучу слоем в «один мозг», то мы сможем покрыть «гемисферами» человечества около 600 кв. километров.

Перед нами образуется уходящее за горизонт пространство, полностью покрытое полушариями, мозжечками и стволовыми структурами.

Из конца в конец этой мозговой пустыни придется идти примерно две недели.

Когда-то эти мозги размещались под панамами и митрами, под чепцами и фуражками. А также под коронами, беретами, шлемами и цилиндрами. Здесь — все эпохи. Все страны и континенты.

А теперь разделим эти мозги на две части.

На пустышки, которые не сыграли никакой роли в развитии рода homo.

И на те, что создавали интеллект.

Создателей мы сможем насчитать — около 3 тысяч.

Соответственно, пустышек 99 миллиардов 999 миллионов 997 тысяч штук.

От общей мозговой массы человечества мозги гениев-интеллектуалов составляют три миллиардных одного процента.

Их легко разместить в кузове грузовика.

А грузовичок, для наглядности, можно поставить посреди бескрайней мозговой пустыни.

И ахнуть, воочию оценив это скандальное соотношение.

Ошибочно полагать, что в большей части окажутся мозги только «рабочего скота» человечества.

О нет.

Тут, вперемешку с полушариями «народа» всех эпох, навалены мозги королей, академиков, олимпийских чемпионов, писателей, ученых, министров и композиторов.

Но все они — такие же «пустышки», как и мозги солдат или слесарей.

Важно понимать, что никакой титул и никакое звание доступ в интеллектуалы не обеспечивает.

К дьяволу благие намерения царей и просветителей. Впрочем, как и ученые степени.

Значение имеет только тот самый результат. Тот самый новый элемент знания.

А его демонстрируют только три миллиардных процента.

3000 интеллектуалов — это еще очень широкий и щедрый счет.

Сюда включены и самые незаметные персонажи. Те, о ком редко вспоминают даже историки науки.

Тут не только часть лауреатов Нобелевской премии по физике-химии-физиологии, но и фигуранты «донобелевской эпохи». Здесь врачи, щелкопёры, изобретатели, авантюристы и один привратник. Тут даже те, кто ошибался, но эти ошибки послужили отправной точкой открытий.

В нашем реестре не меньше трех сотен и вовсе безымянных героев. Дырявая память человечества не сохранила их имена. Но они, несомненно, были.

Ведь кто-то же заложил самые начала наук.

Не сложно заметить, что и Стагирит, и Демокрит оперируют уже не просто готовыми, но и кем-то отшлифованными понятиями.

Да, наш список не чист и весьма условен. В нем множество дураков.

Тут дело в том, что 98% его фигурантов — ученые.

Как правило, их способность мыслить была заперта в одной теме и не выходила за ее пределы. Да, они делали блистательные выводы о (к примеру) нелокальности и фотосинтезе.

Но во всем остальном — оставались детьми своих эпох и культур; писали, говорили и совершали весьма обычные глупости. Но если мы включим строгость и начнем припоминать Гюйгенсу или Кахалю всю чушь, которую они порой несли, то в списке не останется вообще никого.

Разумеется, в этом грузовике нет полушарий ни Сатаны, ни Иисуса, ни Будды. Нет и мозгов прочих творцов религиозных или метафизических фантазий.

Их место — среди 99 миллиардов 999 миллионов 997 тысяч пустышек.

Они не вели к мышлению, а уводили от него. Обратно — к духам и владыкам. В первобытную ложь о конструкции мира.

Как, впрочем, и живописцы. А также романисты, музыканты, танцоры и прочие мастера культуры.

Этой братии досталась роль гримеров. Не более того.

Да, они славно потрудились, приклеивая романтические маски на морду плейстоценового падальщика.

Но художники поработали не на интеллект, а против него, делая ложь о человеке сочнее и привлекательнее.

Без всякого вреда для развития человечества из его истории можно изъять любую из «культурных ценностей». Ничего не изменится. Было «барокко» или не было, родился Рембрант или нет — не играет никакой роли. Это все декоративные финтифлюшки, ни на что не влияющие.

Разумеется, нет в нашем списке и «кантов-платонов-гегелей».

Это кажется не вполне справедливым.

Философия, конечно, полное дерьмо. Но именно благодаря этому она является прекрасным удобрением для публицистики и атеизма.

Впрочем, даже высочайшее качество навоза — не повод подавать его к столу вместе с тем редисом, который на нем выращен.

Что касается войн, балетов и спорта, то это чисто зоологические забавы. Их нет смысла и обсуждать.

Тем не менее, факт существования гениальности не дает культуре спать спокойно. Она вечно пытается протащить в пантеон гениев свои креатуры, навязывая разнообразных «наполеонов и пушкиных».

Среди этой братии есть весьма симпатичные персонажи, но уровень их развития никак не позволяет им занять местечко рядом с Планком или Кеплером.

Тут следует понимать, что написание романов, симфоний, а также резанье костяных китайских шаров, как и любое другое рукоделие — не требует даже минимального интеллекта и с мышлением вообще не связано. Это совсем другое ремесло.

Все это легко доказывается примерами откровенно слабоумных, но очень успешных генералов, штангистов и писателей.

С мифом о «личности» владык и генералов XXI век покончил навсегда. Спасибо русскому диктатору Путину, который привнес в этот вопрос окончательную ясность. Путин доказал: для того, чтобы содрогнуть человечество и наворотить горы трупов — вообще никаких «мозгов» и интеллекта не требуется.

Чтобы ломать империи и потрошить страны — нет ни малейшей необходимости даже в той условной «личности», которую придумали попы, романисты и психологи. Если Гитлер, Сталин, Николай II, Бисмарк, Наполеон и Батый уже затуманились слоем времени, то Путин дал возможность себя досконально изучить и закрыть этот вопрос навсегда.

Обо всей остальной массе и говорить нет смысла.

Мозги (к примеру) римского легионера и русской певицы объединяет их полная никчемность. Они не оставили никакого следа, не сыграли никакой роли в развитии рода.

Да, они успешно обслуживали свой организм-носитель, вовремя выделяли месячные, пот, кишечный сок и обеспечивали вертикализацию тела.

Эти мозги позволяли особи пользоваться наборами выученных слов. Складывать их в молитвы и статьи. Комбинировать звуки, делая музыку. Писать романы. Воевать и изучать историю войн. Фехтовать и шить, крутить сальто и управлять колесницами, ракетами и странами.

Увы и ах.

Не стоит переоценивать все эти умения. Это всего лишь комбинации из приобретенных друг от друга и заученных навыков. Плоды взаимной социально-трудовой дрессировки.

Несомненно, они влияют на сытость, размножение

и статус, но к мышлению все это не имеет ни малейшего отношения.

Что дает нам право так категорично поделить мозги человечества и отказать в способности к мышлению 99 миллиардам 999 миллионам 997 тысячам людей?

Дело в том, что наличие работ (к примеру) Павлова и Эйнштейна жестко устанавливает параметры того, что мышлением является, а что нет.

Если бы не эти перцы с их работами, то просмотр сериалов или подсчет моркови вполне можно было бы принять за «мышление».

Увы, Ньютон и Дарвин лишили нас этой приятной возможности.

Разница результатов работы мозга трех тысяч интеллектуалов и всего прочего человечества поразительна.

Их различие настолько радикально, как будто речь идет о существах из разных миров.

Вот тут нудным насморочным голосом следует напомнить простой закон биологии.

Он гласит, что любое экстраординарное свойство является «родовым — характерным» только в том случае, если оно присуще хотя бы 95% всей популяции.

У homo точно не 95%. И даже не 1%.

А три миллиардные этого «одного».

Иными словами — способность к мышлению общей чертой рода считаться не может.

Отметим:

Если полярные крачки имеют экстраординарные бионавигационные возможности, то дорогу от Арктики до Антарктики находит каждая из них.

Все, без исключения, подковоносы обладают эхолокацией, а все кольчатые удавы инфракрасным видением.

Если бы мышление было бы штатной функцией рода homo, то и у папуаса, и у Галилея мозг работал бы с приблизительно одинаковыми результатами. Так как это делает (к примеру) печень, вне зависимости от того, в чьем она заключена теле.

Если свойство есть, то оно в полной мере распространяется на всех особей рода.

К примеру, у светлячков-лампиридов одинаково вырабатывается люцеферин и люцифераза. Соответственно, и у всех одинаково ярко горит задница.

А вот у рода homo, при полной идентичности электрохимических процессов в мозгу — «задницы горят» не у всех. А лишь у трех миллиардных одного процента.

Но!

В нашем мозговом вернисаже (площадью 600 кв.километров) соотношение мыслящих и не способных к мышлению — еще не самый пикантный факт.

Гораздо интереснее то, что физиологические потенциалы полушарий — абсолютно идентичны у всех 100 миллиардов особей рода человеческого.

Да.

У гениальности нет никакой биологической основы.

Мозг Сеченова или Ламметри не имеет принципиальных отличий от мозга таксиста или вакханки.

Повторяю: нейронная работа у всех homo имеет абсолютно одинаковую химию и механику.

А анатомические параметры извилин и желудочков немного варьируют от особи к особи, но никакого значения это не имеет.

Конечно, различаются размерчики полушарий. Но и это тоже не влияет на качество продукта.

Ничего удивительного.

Кальсоны, идентичные по фасону и материалу, тоже

могут отличаться размерами. При этом 46-ой ничуть не теплее, чем 50-ый.

Мозг — стандартный продукт эволюции. Он всегда строится по единым анатомическим и гистологическим лекалам.

Иначе быть не может.

Ведь любое отклонение от стандарта чревато риском уродства и гибели организма. Здесь не до шуток. Не до экспериментов и модуляций.

Сотни тысячелетий не случайно выточили идеальную стандартность мозга человека. Любые погрешности тут могут аукнуться внезапным возвращением хвоста. Или циклопией.

Молекулярно-клеточная сборка мозга всегда свершается шаблонно. Для нейронной массы, а также для глии и других мелких деталей используется строго типовое, апробированное сырье.

Да, в геномчике постоянно тикают мелкие мутации. Конечно, они могут вывести мозг за пределы стандартов. Но лишь в направлении патологии. И его обладатель проживет лишь пару дней после родов. В брак вступить не успеет. Аномалия не закрепится.

Отметим, что роль генетических мутаций непомерно раздута энтузиастами данной темы.

В реальности же — эволюция откровенно плюет на самые насущные потребности человека и не вносит никаких поправок в его конструкцию.

Напомню, что, когда ей надо, она легко выращивает немыслимые гребни и двойные пенисы. Снабжает любым количеством глаз, эхолокацией и геомагнетизмом.

Эволюция любит и умеет похудожничать. Стоит оценить и ее услужливость, ее готовность исправить любую свою ошибку.

К примеру.

Наблюдается загрязнение ягодиц фекалиями? Раздражение и зуд? Мушиные тучи?

Никаких проблем.

Тут же свершается модуляция генома — и хвост животного приобретает качества пропеллера, который к черту разметывает каловые массы прямо в морды «жирафам и страусам».

В результате — склонный к поносу бегемот навсегда избавляется от грязи на заднице.

Эта новация свершилась легко и непринужденно.

Напомню, что, когда киту приспичило нырять поглубже и подводничать подольше — тут же началась полная модернизация его кровообращения. Она была проведена качественно и в срок. Причем по первой же китовьей заявке.

А вот потребности человека в изменениях организма эволюция упорно игнорирует. Хотя, чтобы уменьшить уязвимость вида, требуется всего пара простых мутаций.

Но!

Несмотря на всю возню в своих генах, homo никак не дождется ни безмучительных родов, ни регенерации зубов, ни переноса мочеточника подальше от предстательной.

А о таких подарках, как биосинтез витамина С, человеку не стоит даже мечтать. Как и о хвостике-пропеллере.

Мелкие подачки вроде «переносимости молока», «адаптации к высокогорью» или осветления кожи можно в расчет не принимать.

Эти бонусы ничтожны в сравнении с тем откровенным браком, который был допущен при изготовлении человека. Хитрые мутации делают вид, что брак не замечают.

За все время существования homo с конвейера церброгенеза уже сошло 100 миллиардов комплектов полушарий.

Этот продукт всегда поставляется потребителю только в штатной костяной упаковке, без которой его функционирование невозможно.

Сама упаковка прошла серию симпатичных, но не принципиальных обновлений своего дизайна: вдавились скулы и надбровные дуги, зато выпятился подбородок.

Каждый день штампуется еще примерно 350 тысяч штук новеньких мозгов, а 150 тысяч отработавших — прекращают свою электрохимическую активность.

Прослушав похоронный марш Шопена, они, через разложение, отправляются на молекулярную разборку. Оттуда — возвращаются в общую базу элементов, где их должны освежить и направить для продолжения службы в составе других форм жизни.

Технология, как видим, отработана к взаимному удовольствию как мимолетного биоценоза, так и фундаментальной материи.

Делать один мозг из тиража в 100 миллионов каким-то «особенным» незачем и некому. К конвейеру церброгенеза «посторонние с крылышками» не допущены.

А больше это никому и не надо.

Случайное возникновение уникальных свойств невозможно. Занос со стороны — тоже.

Гениальность — это все-таки не совсем триппер, чтобы случайно подцепить ее на пещерном шабаше. Да и подцеплять было не от кого.

Так что эволюционная история мозга начисто убивает вероятность наличия какой-либо «гениальности», как врожденного свойства.

Напомню, что основная и фундаментальная роль мозга — это обеспечение физиологических и рефлексивных потребностей организма.

Рассудок и мышление — глубоко вторичные, случайные штучки, без которых мозг человека прекрасно обходился многие миллионы лет, а в случае нового одичания вида, легко обойдется и в будущем.

Потоотделение или кроветворение для организма были, есть и будут неизмеримо важнее, чем возможность корректировать таблицы Коперника.

Если бы существовал некий особый, «высший сорт» мозга, то в первую очередь это выражалось бы не в красоте рифм и дерзости открытий, а в невероятном физиологическом благополучии его обладателя.

Такой мозг управлял бы процессами организма гораздо успешнее, чем стандартный. Его носитель не знал бы большинства болезней и проблем.

Возможно, и «эхо» нейронной работы, т.н. «умственная игра», была бы интереснее обычного.

Но таких прецедентов нет.

И не ожидается.

Более того.

Большинство знаменитых создателей интеллекта предпочитали раннюю могилу. А те, что заживались — имели тяжкие расстройства здоровья.

Достаточно вспомнить одного лишь Дарвина, которого трипаносомоз не отпускал от горшка дальше, чем на 10 метров.

Если мало Дарвина, то есть Фейнман с его онкологией, Хокинг с колясочкой, etc, etc.

На всех гениях — клеймо носителей скромненького типового мозга, когда-то сделанного для нужд древнего падальщика, жизнь которого никакой ценности не представляет.

Напомню, что этот мозг самостоятельно не способен разрулить даже простенькую проблему геморроя.

Короче.

Биологические шансы стать Декартом, Галлеем или Марией Кюри абсолютно равны для всех homo.

Соответственно, соотношение пустышек и гениев могло было бы быть совершенно иным.

Наш грузовичок должен был быть нагружен полушариями единичных болванов, а все остальное пространство заполнено мозгами тех, кто яростно и успешно создавал интеллект.

Да, несомненно, это был бы иной мир.

В нем было бы любопытно пожить.

Но не сложилось.

Земля как была, так и осталась планетой тупых.

Глава XVII

ЖИВОТНОЕ, УПРАВЛЯЕМОЕ ЛОЖЬЮ

Хм. Черт с ней, с гениальностью.

Но, если с мозгом все так просто, то почему же мышление не стало общим свойством всех людей?

На то есть несколько причин. И все они — главные. Исправить ничего нельзя.

Объясняю. Начнем с самого простого.

В самой конструкции мозга млекопитающего изначально заключалось свойствишко, которое и стало роковым для homo.

Свойство вылезло под занавес плейстоцена, когда рассудок только начал цепляться за кору и подруливать поведением.

Все дело в том, что фундаментальные, древние структуры мозга оказались бесконечно наивными.

Их можно понять и простить.

Все эти лимбические системы сформировались в ту эпоху, когда лжи еще не было. В ответ на поступивший раздражитель они послушно поджигали организм эмоциями и изменяли поведение особи.

Древние афференты всегда заходили в мозговые глубины без стука и активировали любые области.

Но!

До сотворения рассудка с этими глубинами работали только истинные раздражители. Поведение сохраняло адекватность.

Эрекция свершалась на запах реальной самки, а страх

пробирал при встрече с живым смилодоном.

А вот рассудок, вторгшись в жизнь бедного животного, спутал все карты. Он создал ложные, символические раздражители. Он штамповал их тысячами, они сплетались в системы и завоевывали глупый мозг, как конкистадоры ацтекское царство.

Эти химеры закрепились в ритуалах, словах, звуках и изображениях.

Фикции быстро прижились и выиграли у реальности битву за извилины.

Это было не трудно.

Дело в том, что нейрон чрезвычайно жаден до раздражений. И он страстно выискивает их, пользуясь любым поводом возбудиться.

Как выяснилось, ему абсолютно безразлично их происхождение.

В древних структурах мозга, там, где делаются «чувства», оценивать достоверность раздражителей нечему.

Глупые гипоталамусы и амигдалы всё воспринимают за чистую монету.

В ответ на любую белиберду, они привычно включают фейерверки эмоций и рефлексов.

Нейроны наслаждаются. Фикции побеждают.

Любая, даже самая страшная реальность — мимолетна. А иллюзии возвратны, растяжимы и управляемы. Они включаются по желанию самого носителя рассудка, а также жреца или киномеханика.

Они пугают и завораживают гораздо сильнее, чем мрачная бытовуха прошлого или настоящего.

Через это и образовались боги, романы, страшные суды, сериалы, симфонии, загробный мир, душа, личность, священность власти и другая ахинея.

Любое «творчество» — это просто конструктор из раздражителей разной силы, с помощью которой можно играть на подкорковых и корковых структурах мозга, как на фисгармонии.

Если осьминога бить различными токами, он ответит на них изменениями цвета и содроганиями. Примерно это происходит и с мозгом при воздействии симфонии или кинофильма.

По сути, это управляемый эпилептический припадок.

Воздействие на мозговые глубины оказалось на удивление легким делом. Дурить их можно бесконечно.

Еще в Египте выяснилось, что при помощи маленьких хитростей один сушеный труп может командовать буйными миллионами homo.

Труп прикажет, и они будут умирать, убивать, голодать, отдавать свои деньги и таскать огромные камни.

Тут-то и началось.

Появились целые сословия, которые начали зарабатывать на обмане бедного мозга.

Жрецы, поэты и пророки шлифовали умение терзать фикциями наивные глубины полушарий. А те отвечали чувствами.

Все окончательно решилось, как только наштамповалось достаточное количество фальшивых раздражителей (т.е. возникла культура).

Вранье получило сказочную власть в черепе и превратило мозг человека в свою любимую игрушку.

Человек стал первым и единственным животным на планете, управляемым ложью.

Теперь уже на пути к торжествующей идиотии не оставалось никаких препятствий.

Мышлению с его привычкой «портить праздник» тут не было места. Оно могло обеспечить местечко только в костре.

К этой беде быстро присоседилась и вторая.

Наборы ложных, но забористых представлений легли в основу той системы, что связала меж собой миллионы рассудков и сознаний.

Такая система была неизбежна, ибо лишь она позволяет накапливать знания и обмениваться ими, а также служит резервуаром навыков и обычаев.

В ней же разместились и всесильные образы, традиции, правила и пр. Эту систему каждому вновь рожденному человеку следует выучить, принять и исполнять, как тевтону устав своего ордена.

(Строго говоря — она и есть тот самый рассудок.)

Это полезная штука, а с учетом опасного прошлого homo, еще и спасительная. Ведь человек всегда сделает все мерзости, которые имеет возможность совершить безнаказанно.

Разумеется, эта система порочна просто в силу того, что 99,9% составляющих ее рассудочков выбрали примитивность, как самую комфортную форму. Но именно они своей подавляющей массой определяют правила и порядки.

Система предельно агрессивна и умеет за себя постоять. Она создана врожденным фашизмом и владеет всем его инструментарием.

У дурака-одиночки еще могут возникнуть сомнения в своих представлениях, но дураковая масса, связанная «идеалами», уже никаких колебаний не испытывает.

Всякий, назвавшийся человеком, обречен жить и умереть по ее правилам.

Она же устанавливает и границы разума, за которые нельзя выходить.

Так что, находясь во власти системы, ни о каком мышлении не приходится и мечтать.

И тут без конфликта не обойтись.

Ведь мышление — это, прежде всего, — свобода. От всего. И в первую очередь от «общечеловеческих ценностей», любых границ, табу, родин, традиций, религий и других древнеегипетских изобретений.

Чтобы начать мыслить — надо освободиться от их власти.

Это обязательное условие. А эликсир этой свободы настаивается только на точных научных знаниях, которые тоже — часть чертовой системы.

Короче.

За противоядием предстоит нырнуть в океан кипящего яда. На самое его дно.

Добраться до него не просто. И удается не всем.

Впрочем, как выясняется, почти никому туда и не надо.

Дело в том, что создание интеллектуальных ценностей — занятие не слишком выгодное. Гений — профессия низкооплачиваемая.

Торговля бюстгальтерами или штамповка романов приносит доход в сотни раз больше. А такие забавы, как война, банки или религия — прибыльнее любой гениальности уже в тысячу раз.

25 основных книг, создавших человеческий интеллект, принесли своим авторам около пятидесяти тысяч долларов. На всех.

Эта сумма делится неравномерно. К примеру, Декарт наварил на своих трудах около 2500 долларов, Ламетри — 400, а Коперник — 0.

Чуть лучше обстояли дела у Дарвина и Лапласа.

Но, в любом случае, совокупная стоимость изменивших мир «великих прозрений» примерно в пять раз меньше, чем цена одной дамской сумочки Hermes Birkin, проданной на Кристи в 2016 году.

◆ ◆ ◆

Разумеется, в дело борьбы с мышлением очень основательно вложилась и религия.

Она более чем пятьдесят веков управляла поведением homo и вертела этим бедным животным, как хотела.

Разделять религию на христианство, ислам, буддизм или культ Ваала не имеет смысла. Название, имена богов, нюансы обрядов не имеют никакого значения.

Религия — это единое явление. Это первобытная идея «бога», порожденная естественным слабоумием тех времен и жадностью древних структур мозга до сильных, регулярных возбудителей. Она же прекрасно зарекомендовала себя и как провокатор ИСС (измененного состояния сознания.)

Эта идея «бога» (богов) просто меняла лица, названия, прически и костюмы по мере того, как старые приедались и снашивались.

Но своим триумфом религия была обязана не только тому, что она универсальный и надежный возбудитель ЦНС.

Ее успешность заключалась и в том, что она не только освобождала человека от необходимости мыслить, но и делала преступным любой мыслительный процесс.

А homo только того и надо было. Ведь мышление — главный враг человека. Это мучительная штука. Оно разрушает все мифы. Оно обнажает подлинную морду homo. А видеть ее не хочется никому.

Поэтому любая попытка рассказать человеку о том, кто он есть на самом деле, всегда воспринималась очень злобно.

А религия умела так заточить эту злобу, что даже легкое ее прикосновение пронзало насквозь.

А когда наука отрезала вере голову, выяснилось, что без нее та чувствует себя даже лучше.

Еще одной плющилкой гениев был институт брака.

Короче.

За пять тысяч лет религия, культура, власть и семья сделали мышление абсолютно бессмысленным занятием.

В истории даже была парочка счастливых моментов, когда казалось, что с ним покончено навсегда.

Так что удивительная редкость мышления объясняется не его сложностью, а его ненужностью.

Глава XVIII

МЕХАНИКА ГЕНИАЛЬНОСТИ

Из нашего списка гениев лишь 27 фигурантов не доставили хлопот любителям духовности и правопорядка.

Они добровольно и самостоятельно отправились на тот свет. Церкви и власти не пришлось тратиться на дрова и стукачей.

Но такие скромники были в меньшинстве.

Большинство же гениев познало подземелья, отравления, а иногда и зажарку своих мятежных персон.

Кое-кто загнулся от тяжелых болезней. Как правило, в бедности и пролежнях.

Сегодня цивилизация утешает обиженных гениев прошлого. Их именами называют вмятины на Луне, а дети в учебниках рисуют им фингалы.

Несомненно, это большая честь.

Но фингалы и вмятины — радости посмертные, а костры и пролежни — прижизненные.

Более того, мышление — штука ядовитая и не очень удобная в быту.

Оно обладает способностью отравить все «простые человеческие» радости. Оно же без следа испаряет авторитеты и идеалы. Искусство, культура и общественное мнение теряют над человеком всякую власть.

Да, мышление дает свободу, но ее приобретатель быстро убеждается в том, что в мире нет ничего, к чему стоит относиться серьезно.

Существует «проклятие анатома».

«Проклятие» живо и по сей день, а началось оно с Везалиуса, который анатомировал тела с фанатичной скрупулезностью.

Объясняю, что это такое.

Полная препарация тела человека предполагает обязательное снятие кожи с физиономии.

Целиком. С носом, веками, губами, ресницами и бородавками.

Кожаная маска спарывается с лица и вешается на гвоздик.

У субъекта обнажаются вытаращенные глазные яблоки, оголяется оскал, открываются те мышечные пласты, что когда-то приводили это лицо в движение.

Со временем к анатому приходит умение видеть без кожи и любую живую физиономию.

И гнев, и смех в исполнении пучеглазой мускульной конструкции выглядят одинаково забавно. Да, это позволяет весьма иронично относиться к любому визави.

Но избавиться от этого наваждения уже не получится никогда.

Вместо очаровательного личика анатом всегда видит багряную мышечную маску, желтенькие отложения жира и бугристости слюнных желез.

Примерно то же самое делает и мышление. Но оно снимает «кожу» не только с лица. Становится прозрачен череп и мозг визави с происходящими в нем нехитрыми процессами.

А уж вера, история, искусство — вообще, как старые будильники. Стекла свинчены, крышки скинуты. Все проницаемо и просматривается. Ничто не скрывает тех грошовых механизмов, что заставляют веру, историю и искусство «звенеть» и «тикать».

Это «ясновидение действительности» крайне неприятная штука. Оно превращает в глупость практически все, что дорого сердцу homo. Оно не позволяет «уважать» основы человеческого бытия, делает смешной любую власть и идеалы.

Утрачивается счастье «единодушия» с человеческой стаей.

Священная галерея предков превращается в набор ряженых дементников, о которых лучше поскорее забыть.

Долго скрывать свое отношение к устоям все равно не получится. Прокол неизбежен.

А презрение к основам на планете тупых гарантирует большие проблемы.

По этой причине большинство гениев стремились либо вообще избавиться от мышления, либо существенно ослабить его влияние.

У многих это прекрасно получалось с помощью религии и искусства.

Короче. По всем статьям напрашивается вывод, что выбор профессии гения — ошибочный и глупый. И этот вывод верен.

Отнимая многое, мышление ничего не предлагает взамен. Разгадка тайн материи и жизни — сомнительное удовольствие. Они почти никому не интересны. И скверно оплачиваются.

Конечно, можно забавляться ломанием выстраданных идеалов homo.

Тот бред, который составляет 99% убеждений человечества, поражает размером и величием. Он кажется вечным и непобедимым.

Но! При попадании на него самой крохотной капельки мышления эта громадина начинает шипеть, дымиться и разваливается к чертовой матери.

Это развлекает, но быстро приедается.

Так или иначе, но здесь мы, наконец, имеем полное право поставить знак равенства меж понятиями «мышление» и «гениальность». Понятно, что одно не живет без другого.

Так же понятно, что гениальность — это всего лишь крайне редкое, экзотическое ремесло.

Преимущественно, его избирают особи, не надеющиеся сделать карьеру нотариуса или дослужиться до полковника.

Частенько в гении загоняет и т.н. «низкое происхождение», не позволяющее даже начать восхождение по социальной лестнице.

Вполне сортовые гении получаются из анатомических уродов, а также из лиц, имеющих дисфункции половых органов. В таких случаях, кроме фанатичных занятий наукой, ничего другого и не остается.

Отметим, что мышлению есть применение только в этой странной профессии. Во всех прочих оно никак не употребимо, да и просто не нужно. Так уж получилось.

Поясню на самом простом примере.

Урофлоуметр (прибор для измерения скорости мочетока) — это красивый, сложный и дорогой прибор. Но нигде, кроме урогинекологии, приспособить его при всем желании не получится.

На войне он не применим. В банке неуместен. В сортире бесполезен. В парламентах его установка нецелесообразна. В казино или библиотеках, а также в столярных мастерских он тоже будет зря занимать место.

Да, его можно вытащить на цирковую арену и сделать инвентарем в уморительной сцене с «описавшимися клоунами».

При этом все показания прибора будут искажены и абсурдны.

Но точность урофлоуграммы мало волнует клоунов. Им надо просто пожурчать в красивый научный горшок с лампочками и датчиками.

Примерно так же и мышление может быть использовано, например, в культуре. Без всякого смысла. Лишь как забавная декорация.

На своем месте оно только в науке. И нигде больше.

Да, было несколько исключений.

Ламетри, Гольбах, да и еще пяток забияк-атеистов не были учеными, но владели скандальным мастерством мышления. Причем, существенно лучше самих ученых.

Они первыми поняли ядерную силу, которая возникает при переплавке точных знаний в простые понятия.

И первыми сообразили, что особенно хороша наука, полностью очищенная от всякой научности. Эти пираты медийного моря создали скелет и нервную систему современного интеллектуализма. А уж наука обрастила этот скелет мышцами и прыщами.

Кстати, именно Ламетри и компания своей дерзкой хворостиной погнали ученость в очень правильном направлении.

Она и до сих пор тащится туда, куда ей указали эти хулиганы.

Как и все прочие профессии, гениальность тоже имеет свою анцестральную (начальную) точку.

Ее легко можно вычислить.

Но!

Во-первых, этим лень заниматься.

Во-вторых, в момент своего зарождения ремесло гениальности выглядело так же убого, как и все остальные «первые шаги» человека.

Поясню на самом простом примере.

Есть в эмбриологии такое понятие, как «морула». Это 16 архималюсеньких шариков, слипшихся в кривую ягодку. Разглядеть ее можно лишь в микроскоп.

Сама морула образуется в матке на четвертые сутки после зачатия.

Такой ягодкой было каждое плацентарное животное, включая пишущего эти строки.

Но! (если уж мы заговорили о микроскопах).

Опознать в моруле, прицепившейся к стенке матки Маргарет Ван Ден Берх, корзинщицы из Делфта, ее будущего сына, господина Левенгука, было бы крайне сложно.

Этот фанат-микроскопщик, парикастый, рукастый и буйный ничем не напоминал ту ягодку в матке, однако, был прямым ее продолжением.

Примерно так же выглядит исходная точка гениальности соотносительно с ее сегодняшним состоянием.

Можно объяснить и еще проще.

Хлеб, к примеру, начинался с того, что безымянного болвана древности вырвало пережеванным зерном.

Вероятно, от жадности он перебрал дозу. Беспощадный рвотный рефлекс тут же вывернул его наизнанку.

Болван ушел, а рвотная масса осталась. Через денек она подсохла — и была найдена и съедена другим персонажем неолита.

Это был день рождения хлеба.

Такая сценка должна была повториться десятки раз, пока кто-то из едоков не сообразил, что можно и самому нажевывать, срыгивать и сушить зерновое крошево.

Пару тысячелетий потребитель этого продукта жевал и заготавливал его себе сам.

Со временем ему осточертело, и к жеванию привлекли юных рабынь со свежими зубками.

Чуть позже внеслось усовершенствование. Рты рабынь

заменили камнями, которые тоже способны крошить зерно.

Потом выяснилось, что камни могут не только дробить, но и тереть. Крошево сменилось мукой.

Все эти чудные открытия растянулись на тысячи лет, пока не закончились круассанами.

Гениальность — в своей начальной точке — выглядела столь же неаппетитно, как и та рвотная лужица. И была так же невидима, как морула в беспокойной матке г-жи Маргарет Ван Ден Берх.

Короче. Иногда лучше не подсматривать за родами и не совать нос ни в матку, ни в колыбель. Особенно в таком болезненном для человека вопросе, как возникновение гениальности. Слишком велик риск увидеть удручающе мелкую пакость.

Как и всякая профессия, гениальность эволюционировала строго последовательно. Ступенька за ступенькой.

И никому не было дано перепрыгнуть хотя бы одну из них.

Гений любого калибра всегда оставался в плену представлений своего времени.

Поясняю.

Всуньте в руки сэру Исааку Ньютону айфон, и вы увидите растерянного идиота.

Несомненно, Исаак много знает про секретные пружины, открывающие реликварии и шкатулочки с ядом.

Не исключено, что его пальцы нашарят кнопку включения и экран оживет.

Тут-то и начнется самое интересное.

Растерянность сменится мудрой ухмылкой.

Дело в том, что Ньютон — алхимик с тридцатилетним стажем, двинутый на «философских камнях» и «изумрудных скрижалях», автор 57 алхимических сочинений.

Как только загорится дисплей — ему мгновенно все станет понятно.

Он сообразит, что в плоской коробочке заточён алкагест — холодное пламя великой свадьбы элементов.

Конечно, нельзя исключать, что Ньютон тут же завернет айфон в тряпочку и отнесет его в райотдел инквизиции.

Это возможно, но маловероятно.

Все-таки сэр Исаак — это олицетворение науки того времени. Скорее всего, он решится сам изучить природу свечения и смысл загадочных значков.

И сделает он это в полном соответствии с научными методиками своей эпохи.

От айфона с помощью зубила и молота будет отделена треть и истолчена в ступе.

Разумеется, Ньютон не забудет добавить в этот порошок красную тинктуру и лист ежевики.

Набрасывая толченный айфон на огонь анатора (алхимической горелки), наш гений по изменению поведения пламени сделает первые выводы о природе странной вещицы.

Еще неизвестно, что будет ужаснее: вонь горящего пластика или умозаключения величайшего интеллектуала XVII столетия.

Затем последует прокалывание айфона раскаленной иглой, помещение его в освященную воду, кислоту и купорос.

Затем настанет очередь антимония (сульфида сурьмы), а потом и паров ртути.

Доконав и окончательно обезобразив гаджет, Ньютон достанет «яйцо ясности». (Оно снесено черным петухом и содержит зародыш василиска.) Трехкратно приложенное к любой вещи, это яйцо запускает в ней цикл трансмутаций. Они заканчиваются тем, что на предмете проявляются письмена, содержащие истинное имя вещи.

Шесть веков алхимики именно так разгадывали тайны мироздания. И всегда были довольны результатом. А сэр Исаак был одним из них.

Нет. Ньютон не идиот. Он несомненный гений науки, совершивший важнейшее, глобальное открытие.

Тем смешнее выглядят его манипуляции с айфоном.

Тут дело в том, что никакая гениальность не может отменить поступательность процессов познания.

А в то время не существовало даже намека на природу той вещицы, которую наш Исаак пытал в своей лаборатории.

Да.

Прославившая его теория тяготения красива. И отлично сделана.

Но! Для открытия гравитационного механизма мира все было готово.

Все детали для теории Ньютона были выточены большой бригадой гениев.

Кеплер уже разобрался во взаимоотношениях планет, Гилберт вывел идею магнитных свойств Земли, ритм орбитального движения был решен Буллиальдом, а его стабильность разгадана Реном. Мощнейшие догадки о законе обратных квадратов сделал Гук. Мы уж не говорим о работах Галилея, Коперника, Галлея, Борелли, Гюйгенса, Эпикура, Аристарха, Демокрита, etc etc.

Сэру Исааку надо было лишь правильно собрать этот сверкающий конструктор.

И он сделал это.

Но во всем прочем Ньютон громоздил одну нелепость на другую. Он ошибался в определении возраста Земли, в хронологии человеческой истории, в классификации химических элементов. А его «теория материи» — бред настолько анекдотический, что биографы стесняются даже упоминать о ней.

Но эти нелепости — не свидетельство глупости нашего великого Исаака.

Отнюдь.

Ньютон, без всякого сомнения, был самый сильным интеллектуалом той эпохи.

Его заблуждения — простое доказательство того, что гениальность никому не пришивает крылышки и не позволяет порхать над эпохами.

В своем XVII веке сэр Исаак ну никак не мог ознакомиться с периодической таблицей элементов, с раскопками пещеры Чжоукоудянь или стратиграфией. Поэтому и генерировал чистый бред о возрасте планеты, химии, человеке и т.д.

Увы.

У гениев нет возможности заглядывать в диссертации, которые появятся через пару веков.

Все, без исключения, научные открытия сделаны по тому же принципу, что и ньютоновская гравитация. Никаких других способов не существует. Работает только принцип накопления пониманий. Нет накоплений — нет и гения.

Глава XIX

ПОСЛЕДНИЙ ГЕНИЙ

То, что открытие сэра Исаака датируется 1687 годом новой эры, является глобальным позором человечества. Дело в том, что из всех «тайн» мироздания, «тайна» гравитации — самая примитивная.

Но для того, чтобы разобраться с этой фигнёй, человеку потребовалось пять тысяч лет.

Все эти 50 столетий homo клеил себе на лоб этикетку «sapiens». Непонятно, на кого данный выпендрёж был рассчитан. Ведь любой титул — это сигнал о статусе, который подается тем, кто способен его понять. В том числе и звание «sapiens».

Но кому человек адресует это сообщение о себе? Перед кем хвастается? Кто должен переполниться почтением?

Кенгуру, бегемоты или страусы?

Хм.

Кенгуру, как известно, принципиально не читают этикетки. У бегемотов скверное зрение. А страусы уверены в том, что homo опять хитрит, чтобы усыпить их бдительность и завладеть перьями, которые хочет носить сам.

Никаких «тайн» не существует. «Тайна» — это вульгарное отсутствие знания.

Но XXI век внезапно обнаружил множество тайн мироздания. Более того, эти чертовы тайны контактируют меж собой и размножаются.

Увы, реальные успехи науки весьма скромны. А все «открытое» — это простые вещи, постигаемые через наблюдение и сопоставление. В том числе и космология, и квантовая механика.

А вот подлинно сложные задачи человек решить не в состоянии.

Черной меткой, которую вселенная, ухмыляясь, вшлёпала в ладонь homo — служит проклятый вопрос происхождения и природы времени.

Тут процесс понимания ну никак не запускается. А все накопленные гипотезы смехотворны. Не существует даже внятного определения того, что такое «время».

Впрочем, это легко объяснимо.

На «ньютоновском» примере мы увидели работу механизма науки. Другого у нее нет.

А в данном случае он совершенно бесполезен. Не за что зацепиться, чтобы начать цепочку выводов.

Множество гениев вгрызалось в тему времени; подступы к ней засыпаны обломками самых авторитетных зубов.

Кривенькие резцы Хокинга тут смешались с прокуренными клыками Эйнштейна. Да все без толку.

Гении погрызли вопрос, но обломались и слились.

Не удивительно.

Современная наука вертит в своих лапках «время» с тем же идиотическим выражением, с каким сэр Исаак Ньютон рассматривал айфон.

Увы и ах.

Существующий метод познания бессилен. Попытки постижения времени Паундом или Нётер ничем не отличаются от протыкания гаджета раскаленной алхимической иглой.

Похоже, данный вопрос настолько превосходит мыслительные возможности homo, что в обозримом будущем (100-200 лет) решен не будет.

Ладно, черт с ним, со временем.

Но без всякого ответа остается и простенький вопрос о том, что такое человек.

Вот он-то вполне решаем, но у «sapiens-ов» нет ни малейшего желания это делать.

Наука не так давно плюнула в лицо человечеству «происхождением видов» Дарвина и условными рефлексами Павлова.

Миф о человеке, который с таким трудом создавала культура, этим плевком был пробит насквозь. Пострадало вранье, а боль испытал homo.

Но зато ему стало понятно, что ничего хорошего от естествознания ждать не приходится; «Дарвин и Павлов» — это не последняя пакость, на которую оно способно.

Да и вообще.

Походка науки стала настолько легкой и стремительной, что возник понятный соблазн переломать ей ноги.

Но!

Подвалы инквизиции затянулись паутинами, костры погасли, а потомки инквизиторов водят экскурсии. Перекошенные злобой фанатики уже не придут людям на помощь. Некому отстаивать священность понятия «человек».

Утрачена квалификация, заржавел инструментарий. Никто не вздернет гения на дыбу и не оторвет клещами тот мерзкий нос, что сунулся куда не следует.

Люди с тоскою посмотрели в свое славное прошлое, но быстро придумали кое-что получше, чем расплав свинца в глотку.

Укротителем гениев стала такая универсальная липа, как «нравственное начало». К счастью, оно способно изуродовать все, что угодно.

Да, пришлось потрудиться. Но в результате усилий

моралистов наука отрастила огромный горб этики и согнулась под ним.

Походочка изменилась. Укоротились и покривели ее ножки.

Храбреца Бруно, принимающего огненную смерть — сменил суетливый горбун, клянчащий гранты. Этот уродец торопится обслужить homo, ничем его не печаля. Он знает свое место и благодарно лижет то свой горб, то руки министров.

Как только этика взялась рулить наукой — похоронились все надежды на установление истины о человеке.

Теперь это сделать невозможно.

А шанс был.

Была эпоха, когда культура валялась нокаутированная «происхождением видов» и «условными рефлексами». Любые вивисекции, физиологические опыты in vivo, «человеческие зоопарки» и цирки уродцев воспринимались без зубовного скрежета. Этика еще не портила воздух планеты и не увечила науку.

Тогда, чтобы расставить все точки над «i» требовалось совсем немного.

Что именно?

Объясняю.

Чтобы получить доказательное и полное представление о существе, именуемом «человек», следовало создать герметичный виварий, в котором можно было бы содержать и изучать людей, с рождения изолированных от цивилизации, речи и любых знаний, создав для них те же условия, в которых находился homo плейстоцена.

Да. Это были бы люди в их диком, естественном состоянии. Изоляция от системы рассудка и языка вернула бы рожденных в XX столетии на миллион лет назад.

Изучение этих животных избавило бы от всех иллюзий. Все бы стало ясно и о функциях мозга homo, и о его забавах с камешками. Не говоря уже о таких мелочах, как каннибализм, детритофагия и промискуитет.

Экскурсант, оставаясь невидимым, мог бы заглянуть в глаза своей биологической основе, грызущей оттяпанную ногу ребенка.

Чтобы узнать, чего следует ожидать и от себя самого, и от «ближнего своего», человеку не надо было бы дожидаться очередного Освенцима.

А при выходе из вивария уместны были бы крепкие дубки с петлями и табуретки. Чтобы теологи, психологи и поклонники «кантовского императива» могли бы кончать с собой организованно и аккуратно.

Но, проворонили.

Больше такой возможности никогда уже не представится. Горб получил все полномочия и распоряжается своим носителем.

Сегодня такой виварий был бы объявлен преступлением «против человечности». (Хотя его обитатели были бы в стократно лучшем положении, чем узники большинства тюрем планеты.)

Обширное, комфортное, пейзажное пространство, где человек имел бы возможность вернуться к своим биологическим «корням», несомненно, нарекли бы «концлагерем».

К счастью, дикая мысль о таком виварии теперь не придет никому в голову. Дело в том, что потомки падальщиков плейстоцена не любопытны.

Так что наглядная, пронзительная правда о настоящем человеке останется неизвестной. А гениальность и ее биологическая основа — загадкой.

Ну и прекрасно.

Люди так любят миф о себе, что лучше не ломать эту игрушку. Пусть и дальше живут в грезах.

Осталось не так долго.

Вранье — отличная штука, но, увы, оно не пригодно как фундамент цивилизации.

Впрочем, все это лирика, мало имеющая отношения к делу. Мы можем, наконец, подвести итоги нашего исследования.

Да, гениальность существует. Это очень искусственная штука. По сути, просто профессия.

Она формируется средой и никак не связана ни с какими особенностями мозга. Врата в «гении» открыты всем желающим.

Но поголовье гениев не увеличивается. Хотя эту братию давно перестали обижать и жечь, тем не менее, их становилось все меньше и меньше. Последним был Хокинг на колясочке.

На данный момент нет ни одного.

Основной причиной вымирания гениев стал миф о существовании особых людей с особенным мозгом. И о том, что мандат гения выписывается неведомыми силами, и обычному homo не стоит о нем даже мечтать.

Культура и тут победила здравый смысл.

Миф насмерть раздавил и мышление, и очень полезную профессию.

Созерцая «священный пантеон», глядя в мраморные очи гениев, ни один человек уже никогда не догадается, что он легко мог бы быть одним из них.

2023, Рим

Приложение

АНТРЕКОТ МИХАЙЛОВИЧ ДОСТОЕВСКИЙ

Ремесло публициста — так затачивать смыслы и образы, чтобы они без помех вколачивались в деревянные извилины читателя. Конечно, разные эпохи требуют и разных стилей заточки. Следует помнить, что со времен Ламметри и Писарева полушария публики несколько огрубели.

Разумеется, переострить смыслы тоже нельзя.

Мысль не должна вбиваться легко и бесшумно. Обязательно должен быть слышен «стук молотка». Читателю нравится чувствовать, что с его мозгом работают.

Есть и еще один секрет публицистики.

Он заключается в том, что самые сочные антрекоты нарезаются из самых священных коров.

Конечно, «корову» можно подбирать и специально. Но лучше использовать старую самурайскую методику: испытывать остроту меча на случайном прохожем. Благо, в пространствах культуры бродит множество сакральных персонажей. На антрекоты годится любой.

Делать такую нарезку необходимо. Это прямой путь к освобождению от ига любых «святынь» и запретов. При наличии чего-либо сакрального (даже в следовых количествах) свободомыслие невозможно.

Приступим.

Наконец озвучено намерение причислить к лику святых Федора Достоевского в чине пророка. Нет сомнений, что канонизация вскоре свершится. Ведь Достоевский — это именно то, что сейчас нужно церкви. Оприходовав его, попы станут единоличными владельцами и «русской мессианской идеи», и бренда «народ-богоносец».

Иконописный образ нового святого станет хитом. Пророка Феодора можно изобразить нагим, в парилке, с голенькой крестьянской девочкой 10 лет, доставленной туда для его «банных забав».

(Подробности можно выяснить в известном письме Н. Страхова, где тот рассказывает о педофилии Достоевского.)

Конечно, существует мнение, что «все было не так» и «Страхов перепутал».

Возможно. Нельзя исключать, что девочка сама заказала себе в баньку автора «Карамазовых». (Впрочем, от перемены мест слагаемых мизансцена не меняется.)

Фон этой иконы, несомненно, должен быть таким же бездонно-золотым, как сама русская духовность. А все прочее, включая позы, можно оставить на усмотрение иконописца. Главное, чтобы нимбик сидел.

Впрочем, есть опасения, что праздник попортят православные ханжи. Они склонны замалчивать самые живописные подробности биографии своих кумиров.

Напрасная стыдливость!

За две тысячи лет церковь так наловчилась выдавать любую пакость за достижение, что могла бы уже ничего не стесняться.

Насильники-извращенцы, садисты и организаторы массовых убийств давно объявлены святыми. Кн. Владимир, Николай-2, И. Волоцкий почитаются, как образчики добродетели. Рядом с ними уютно пристроится и сумрачный педофил Феодор.

Рассмотрим его in vitro.

Отметим, что нам нет никакого дела до изящной словесности Достоевского. В равной степени нас мало волнует его педофилия, картишки и припадки. На нашем стеклышке — Достоевский только как публицист-фанатик, одержимый богоизбранностью «святой Руси».

В чем же суть той мессианской идеи, которую он проповедовал?

Прежде всего, в том, что гнойник православной духовности должен лопнуть так, чтобы забрызгать собою весь мир. Зачем вообще мир надо забрызгивать, Достоевский не уточнил, поскольку, вероятно, и сам этого не знал.

Здесь мы должны заступиться за писателя. Он и не мог быть посвящен во все.

Напомним, что Достоевский — суррогатная мама.

«Народ-богоносец» не его личное изобретение. Он всего лишь доносил в своем писательском чреве умозрения Филофея, Мисюри и других дьячков-патриотов XVI века.

Впрочем, экзотическая мысль о том, что существует народ, находящийся в интимных отношениях с богом, родилась, разумеется, на Синае.

Идея богоизбранности поболталась по миру, пережила ряд забавных трансформаций, а в XV столетии угодила к болгарам. Там ее обнаружили русские дьячки и, разумеется, немедленно украли. Освежили, «омосковили» и предъявили начальству, как свою собственную.

Венценосному руководству идея понравилась. Что не удивительно. Ведь мессианство списывает любую разруху, а наличие «высочайшей цели» позволяет изгаляться над населением как угодно.

Дьячковская доктрина получила название «Москва — Третий Рим». Согласно ей, у России особая роль. Ее предназначение — спасти мир от «зла развития».

Патриоты чуть перестарались. Старая еврейская байка превратилась в выданный богом патент на деградацию. Личная подпись божества в патенте проставлена не была, но, как клятвенно заверил Мисюря, только по той причине, что в нужный момент закончились чернила.

Почему идея «народа-богоносца» оказалась на тогдашней Руси столь успешной?

Потому что именно в эпоху Василия-3 и Ивана-4 уродство российской жизни потребовало радикального оправдания. Дело в том, что вместе с германскими пушкарями и итальянскими зодчими — в наглухо законопаченную Русь просочились первые подробности об окружающем ее мире. Стало известно о телескопах, университетах и трусах.

Это были крайне неприятные новости. «Русский мiр» смутился и пожелал объяснений.

Тут-то очень кстати пришлись откровения Мисюри и Филофея. Всяким Коперникам досталось лаптем по их наглым научным мордам. Цивилизация, право и свобода были объявлены «злом бесовским», а святая Русь — победителем этого зла. Отсталость оказалась не бедой, но «высшим замыслом», а свинство — главным оружием против Антихриста.

Сама же Московия была означена тем «Третьим Римом», который научит весь мир запаривать репу, правильно сажать на кол и бить поклоны. Как всем известно, выполнение этих действ неизбежно повлечет наступление «царствия небесного» на всей Земле, а заплаканный Антихрист запрется в дальней каморке ада.

Держава поняла, что обзавелась национальной идеей и возликовала. Всенародно исполнить «Вставай, страна огромная!» в тот момент не получилось. Песня еще не была написана. Впрочем, даже это не смогло омрачить праздник.

Однако склепать доктрину «на века» не получилось. Филофея загрызли клопы, а Мисюря спился так, что «забыл грамоте». Из-за этих несчастий великая идеология осталась немного недописанной и недоношенной.

Какое-то время в ней не было необходимости, но вторая половина XIX века вновь востребовала русское мессианство.

Что же опять произошло?

Проигралась важная война, усугубилась разруха. Прямо перед носом «народа-богоносца» Европа соблазнительно затрясла своими революциями. Перекашивая мозги впечатлительных россиян — грянул Дарвин. Все это, несомненно, было новой атакой Антихриста на Русь.

Проискам ада — держава могла ответить только Мисюрей. Разумеется, откровения старого дьячка нуждались в модернизации и дозревании. Тут-то и подвернулся отличный инкубатор в лице Федора Достоевского.

Напомню, что молодой писатель Достоевский проходил по «делу Петрашевцев», как злостный царесвергатель и атеист.

Его арестовали, долго мучили и запугивали, а потом понарошку «расстреляли», навсегда сделав заикой и эпилептиком. Каторга и солдатчина — добили. Освободившись, Достоевский оказался лишенным «всех прав состояния». Крупные города и столицы были для него закрыты, а рассчитывать он мог лишь на местечко учителя труда в сибирской гимназии (с зарплатой 7 рублей в месяц).

Писатель был смертельно напуган и готов на все, лишь бы кошмар следствия и острога не повторились. Более того, он хотел в казино, желал денег и новой писательской славы. А визу на любую публикацию могло дать только Главное Управление по делам печати Министерства Внутренних Дел (тогдашний Главлит). Но у этого ведомства не было никаких причин баловать каторжника-вольнодумца.

Тут-то Федор Михайлович и начал трещать по швам от любви к царю и отечеству. Ему повезло — треск был услышан.

Написанные им подхалимские стихи легли на нужный стол. Царь в них уподоблялся заре, «ярко восходящей пред очами», а все надежды мира возлагались только на «престол, крест и веру».

Стало понятно, что Достоевский обладает редким даром процеловывать сапоги насквозь. Главлит оценил — и подмигнул сообразительному сочинителю.

После парочки мелких, но приятных бонусов от Управления, Федор решил впредь служить только «скрепам». Достоевского надо понять и простить. Ведь принципы — это единственный товар интеллигентного человека.

Ну а дальше все пошло, как по маслу. Писательская карьера перезапустилась. Филофей и Мисюря обрели достойного наследника. Старый патент на деградацию был не только продлен, но и украшен всякими «сонечками и великими инквизиторами». Федор не подкачал. В России вновь залоснились попы и эполеты.

Помимо всего прочего, разведенное беллетристикой мракобесие оказалось отличным товаром. Оно исцеляло раны, нанесенные гадкими открытиями Дарвина. Оно врачевало боль, которую русским умам причиняла свобода.

Разумеется, битвой Федора Михайловича с нигилизмом и атеизмом аккуратно подруливало Управление по делам Печати.

Трудно не заметить роковые совпадения: каждое из сочинений Достоевского почти всегда было «ответом» на публикацию новой работы Дарвина или на другие успехи естествознания.

Периодически через верные издания делался очередной вброс про «гениальность», «пророческую силу» и «необычайную глубину» Федора. Но порой с ним проводились и строгие беседы в Управлении. Пряники Достоевский любил, но и запах кнута хорошо помнил.

Вообще, корректировать пугливого писателя было легко. Он долго оставался под надзором полиции, где его изредка журили за педофильские проделки. Особо, кстати, не обижали. Понимали, что специалистом по «слезинке ребенка» так просто не станешь; необходимы кое-какие эксперименты.

Некоторые нюансы жития пророка Феодора мы опустили. Но ничего принципиального они не содержат. Причинно-следственная связь меж основными фактами биографии и убеждениями достаточно очевидна.

Разумеется, в полушариях мозга никакие идеи «изначально» не заложены, и из космоса они не транслируются. Глубинные «механизмы психики» существуют только в воображении поэтов. Все идеи и взгляды определяются страхом, модой и выгодой, а также свойствами той среды, в которой обитает особь.

Подведем итог: часики православных «откровений» Достоевского заводились пальцами городового и пятаком. Конечно, не напрямую, а через «взгляды» писателя, которые регулировались простыми внешними факторами. В том числе и Управлением по делам печати.

Из этого не следует, что Федора Михайловича надо записывать в мошенники. Ничего подобного. Он просто романист, то есть мастер лжи и беллетристических фокусов. А читатель романов и открывает книгу, чтобы быть обманутым. Он сознательно ищет простой и сладкий раздражитель мозга. И чем ярче ложь — тем сильнее гипноз восторга.

Со временем литературные химеры окончательно заменяют реальность. Укореняется вера в то, что зайцы живут в шляпах, а дамы пилятся пополам. Носителем истины становится иллюзионист.

Управление воспользовалось возможностями популярного жанра. А заодно смастерило Феодору имидж русского пророка.

В XIX веке медийно-полицейский проект «Достоевский» оказался успешен. Тогда Федор Михайлович славно потрудился для деградации России. Но и по сей день этот фокусник вынимает из цилиндра то зайцев Карамазовых, то Третий Рим. Его аттракцион работает. Уже из могилы старый педофил вдохновляет тащить страну в черное никуда прошлого. Под бочок к Мисюре.

Впрочем, и в этом нельзя винить Феодора Михайловича. Возможно, там, под дьячковским бочком, России будет гораздо уютнее.

ДЕНЬ ЗВЕЗДОНОСА
или
ИДЕАЛЬНАЯ РЕЛИГИЯ

Взявшись препарировать понятие «родина», мы сразу убеждаемся в том, что имеем дело с очередной религией. На данный момент она всесильна и неискоренима. Избавление от нее почти невозможно. Это тот самый случай, когда удаление опухоли приводит к исчезновению пациента. Мы можем лишь зафиксировать данный факт, а также вычислить происхождение и специфику этой веры.

Цирк XVIII века не был обременен этическими ограничениями и сантиментами. Допускалось все, что могло насмешить или шокировать публику.

В репертуаре шапито Бальдуччи был популярен номер — «Мамаша».

Он заключался в том, что суровая старуха жонглировала головами своих шести умерших детей.

Почему малыши умерли — неизвестно. Зачем произошло посмертное отделение их голов — непонятно.

Впрочем, особой загадки здесь нет. Дети в ту эпоху умирали при первом же удобном случае. А декапитация могла быть совершена из-за недостатка эффектного реквизита.

Как выглядел номер?

Весьма элегантно.

Под скрипочку «Мамаша» ловко крутила в воздухе шесть маленьких сморщенных головок. Потом ловила их в подол, раскланивалась и брала хорошие аплодисменты.

Желающие могли детально рассмотреть мордашки и узнать имена покойных малышей. «Мамашу» размещали на афишах, поминали в песенках, но изваять с нее аллегорическую скульптуру «родины-матери» никто не догадался.

А жаль.

Случись такое, механизм служения родине получил бы прекрасный символ. А патриоту, обнаружившему свою голову в полете, не пришлось бы удивляться ее забавной траектории.

Но «Мамаша» померла. Номер забылся. Шанс упустили.

Это ротозейство можно понять. Потребности в культе «родины» на тот момент не было. Римское понятие «отечество» давно забылось, а европейское еще не оформилось. Патриотика Европы пребывала в мерцающем состоянии. Как, впрочем, и границы.

РОДИНА, КАК УСЛОВНЫЙ РЕФЛЕКС

Два следующих века все изменили. Начались масштабные войны. Убивать homo любил всегда. С этим проблем не было. Но новый стиль войны нуждался в грандиозных массовках, готовых не только умерщвлять, но и умирать. Труп стал единицей измерения исторической значимости происходящего.

Какова была причина этих перемен?

Как только звучит данный вопрос — у историков сразу чешутся династии и капиталы. Но, вероятно, все дело было в пуговицах: они стали не такими большими и блестящими. Война потускнела. Генералы пригорюнились и приготовились проклясть человечество.

Выход не сразу, но нашелся. Оказалось, что утрату пуговиц можно компенсировать количеством мертвецов. Покойники вполне способны вернуть генеральской работе должную величавость. Как только это понимание снизошло — главным свидетельством важности военного события становятся цифры потерь.

Соответственно, убитых требуется все больше и больше. И чужих, и своих. Жалкие две-три тысячи компрометируют любую победу. Нужны десятки, а лучше сотни тысяч. Тут возникли затруднения. Массы не захотели устилать поля так густо, как того требовала новая военная эстетика.

Ничего удивительного. Людям не хватало мотивации.

Дело в том, что сделать мучительную смерть еще большим удовольствием, чем убийство, умеет только религия. Лишь она способна придавать смысл полностью идиотским поступкам. Но к XVIII веку христианство выдохлось и утратило свои волшебные свойства. Вдохновить толпы на коллективную смерть оно было уже не в состоянии. Требовалась свеженькая вера. И она образовалась.

Божество по имени «родина» с этой ролью справилось блестяще. Оно ежечасно требовало человечины, а сытым не было никогда.

Тут-то все и наладилось. Грянули гимны и очертились границы. Культура быстро оформила «пасть за отечество», как высшее счастье. Homo согласился превращаться в труп по первому же щелчку генеральских пальцев. Это решило проблему «устилания полей». Картинки с театров военных действий, наконец, обрели должную солидность.

Впрочем, помимо аппетита на трупы, у нового божества обнаружились и другие достоинства.

Манипуляция массами превратилась в чистое наслаждение и стала доступна лицам средних способностей. Теперь деспоты не трясли перьями в битвах, а только надували щеки «от имени и по поручению» отечества. Однако это обеспечивало им поклонение, о котором не могли и мечтать короли прошлого.

Ведь «родина», как и всякое иное понятие — бесплотна. Это иллюзия общего пользования. Красивая абстракция. Соответственно, своего голоса она не имеет.

Как и в любом другом культе, от имени божества вещают жрецы и пророки. В данном случае — это генералы, цари и чиновники. Они же определяют размер человеческих и иных жертвоприношений, собирают деньги, а также оглашают различные капризы абстракции.

Необычайное удобство «родины» заключается в том, что от ее имени можно нести почти любую ахинею. Если это делать умело, то массы беспрекословно раскошеливаются, радостно маршируют, охотно умирают и легко управляются. Если это делать виртуозно, то они подолгу терпят нищету, пытки и любые унижения.

Чтобы разобраться в причинах этого явления, следует обратиться к классической механике религиозной веры.

МЕХАНИКА ВЕРЫ

Напомним, что все религии — конкуренты. Побеждает та, что умеет лучше других приспособиться к особенностям мозга homo.

Это не трудно. Творя мозг млекопитающих, эволюция особо не напрягалась. Поэтому конечный продукт имеет забавный дефект. Без специальной подготовки он не отличает правду от лжи.

Но! Ложь, как правило, проще, и, соответственно, усваивается легче. Более того, она пришла первой и через мифы и искусство установила все правила игры.

Напомним, что изначальные представления о мире и человеке были редкостной ахинеей. Других попросту не было, т.к. науки еще не существовало.

Это первородство оказалось мощным фактором. В результате ложь стала содержанием культуры и главным дирижером условных рефлексов.

Чуть позже многообразие первобытной галиматьи эффектно суммировалось в «бога».

Дефект имел множество последствий. Но нас сегодня интересует только одно из них. А именно та легкость, с которой религия захватывает мозг человека.

Технология захвата отработана. Во всех культах она сходствует. Человеку надо внушить то, что навязанные ему ощущения и представления — являются его собственными. Более того, что они — часть его «личности» и «души».

Разумеется, для начала клиента надо уверить в наличии у него «души». Не вопрос. Это удалось еще в палеолите. С тех пор из поколения в поколение homo бережно передает эту химеру первобытного мышления. Вдобавок «душа» оказалась хорошим бизнесом. Во множестве развелись специалисты по ее спасению, изучению и наполнению.

К «душе» люди относятся так же трепетно, как владельцы «йорков» к своим песикам. Им неудержимо хочется прихорашивать свою забаву, а также таскать ее по выставкам и вязкам. Но если собачке достаточно начеса и банта, то «душа» требует чуть большего.

Конечно, разовые «вязки» ей обеспечивает культура.

«Душа» всегда может «отвести хвостик» и подставиться под роман, фильм или шоу. Пенетрация бывает глубока, но фрикции конечны, и извлечение неизбежно. А мимолетный оргазм проблемы не решает.

«Душе» необходим постоянный, активный наполнитель распирающего типа. Дешевле всех такую услугу оказывает религия.

Методика проста. Используется условно-рефлекторная схема, означенная еще Иваном Петровичем.

Поясним.

В память клиента подгружается набор драматических баек. Они маркированы, как нечто «самое важное». Это — реактивная масса. Она легко входит и размещается, но до определенного момента остается пассивной.

Чтобы ее активировать, нужен набор специальных раздражителей.

Ими служат иконки, тотемы, кресты, чуринги, мощи, символы, а также специальные запахи, слова и пение. Их можно применять порознь, а можно в связках. Возбуждать массы подгруженных ассоциаций умеют только они. Прицельность действия таких возбудителей на реактивную массу отработана поколениями попов и шаманов.

При контакте раздражителя и массы — свершается

рефлекторная реакция. В мозгу происходит «вспышка» пары миллиардов нейронов. Байки и прилагающиеся к ним эмоции чувствительно оживают.

Как?

Элементарно.

Разовая активация такого количества клеток памяти обеспечивает сильное неврологическое ощущение. Это банальная физиология. Она имеет ту же природу, что и любой другой зуд. Но мнимое отсутствие внешней причины придает ей невероятный драматизм.

Иными словами: «душа наполняется».

В момент реакции у клиента выделяется «слюна веры». Это различные внешние проявления: поклоны, слезы, ритуальные жесты и звуки.

У «слюны» важная функция. Для наблюдателя она свидетельствует о полноте рефлекторного всплеска. Для самого клиента — работает вторичным возбудителем, продлевая и повторяя реакцию.

Цель достигнута: магическая пенетрация глубока, а фрикции бесконечны. Духовная жизнь удалась. Homo растроган. Он даже не подозревает, что его «внутренняя жизнь» организована извне.

Все детали этой «жизни» откровенно импортированы ему в мозг. На каждой — отпечатки знакомых пальцев. Связь деталей с внешними раздражителями — несомненна. Множественные электрохимические события в коре полушарий имеют простое «павловское» объяснение. Но очевидность всех этих фактов не беспокоит homo.

Он упрямо считает религиозные переживания продуктом своей «собственной личности» и способом связи с «духами», «богом», родиной или другими иллюзиями. Религия приобретает статус хозяина, который распоряжается ключами запуска «самых важных» переживаний.

Это качество человека бесценно. Именно оно позволяет делать с ним все что угодно. «Включите» в нем веру — и homo будет строить пирамиды, жечь ведьм и погибать за родину.

Требуется самая малость: создать мираж участия в важном, но непостижимом процессе. Что и делает религия, пользуясь известным дефектом мозга. Если это получилось — дело в шляпе: тогда человек способен предать свои подлинные интересы.

ДЕДЫ ВОЕВАЛИ

О каких интересах мы говорим?

Следует помнить, что в лице homo мы имеем дело с опасным и плохо управляемым животным.

Почему?

Потому что все командные структуры его мозга сформированы во мраке глубокого палеолита. А тогда шанс на выживание давали только агрессия, похоть и вороватость. Миллионы лет эволюция трудилась над культивацией этих свойств и добилась впечатляющих успехов.

Следует помнить, что когда мы говорим о подлинной, природной человечности — то имеем в виду именно эти три качества.

Как и для прочих животных — бесспорным приоритетом для homo является его собственное биологическое благо.

Но! Удел существ такого типа — маленькие стаи и романтика каннибализма. Миллионы лет так и было. Но вечно продолжаться не могло.

Увы, материя непреклонна. Ее страсть — самоорганизация и усложнение форм. В этом она маниакальна и неостановима.

Слепив фейерверк из простенькой квантовой пены, материя дебютировала Большим Взрывом. Потом продолжила представление с первичными атомами. Затем — с молекулами, клетками и организмами, периодически отвлекаясь на создание галактик.

Дошла очередь и до наших «дедов». Питекантропы огрызались, отстаивая идеалы промискуитета и людоедства, но безуспешно. Материю не переспоришь.

Ведь популяция homo — это всего лишь ее фрагмент, вовлеченный в общую круговерть. И подвластен он тем же законам, что формируют элементы, планеты и колонии микроорганизмов. Поэтому произошло неизбежное. Человечьи стаи начали сливаться, а их конструкции усложнялись.

Все свершилось с той же неумолимостью, с какой ядра скромного гелия трансформировались в углерод, а рыбы в млекопитающих.

В проекте «человек» включать адские температуры или перекраивать среду обитания было бессмысленно. (Напомним, что задачей были не только стейки).

Но «двинутая» на самоорганизации материя дьявольски изобретательна. У нее множество инструментов. Поэтому запустился цивилизационный механизм.

Цивилизация оказалась способным массовиком-затейником и легко «доусложняла» дедов-каннибалов до прокладок и Хиросимы.

Отметим, что цивилизацию никто не планировал. Не хотел. Не «продвигал». Ни Аристотель, ни Эвклид ее стратегического плана не разрабатывали. Хокинг в колясочке не был ничьей осмысленной целью, как и вся цивилизация в целом. Да и свершалась она без согласия участников.

Более того. Эта игра велась втемную.

Десятки тысяч лет homo даже не догадывался, что занят в таком роскошном шоу. Никаких представлений ни о происходящей эволюции, ни о движении цивилизации у него не возникало. Первые подозрения появились лишь в XVIII столетии.

Конечно, усложнять стаи было нелегко. Свирепые и сообразительные твари тормозили процесс, норовя вернуться к пещерной простоте. Но эволюция не брезглива и пользуется всем, что подвернется под руку. Даже роковым дефектом.

Она не эстетствует. Морфологические и физиологические пороки вида частенько становятся залогом его выживания. Достаточно взглянуть на мадагаскарских руконожек или на бородавочников.

А еще лучше на звездоноса (condylura cristata).

Когда-то игра мутаций прилепила этому кротику дурацкие наросты на мордочку. Они травмировались и мешали копать. Но сообразительная эволюция не стала их стесывать, а напротив — разрастила и укрепила, превратив всю физиономию звездоноса в 22 осязательных щупальца.

Толку от них мало. Но обычные кроты при виде такой красоты седеют и падают в обморок. Все жуки и личинки достаются звездоносу.

Примерно также эволюция обошлась и с человеком. Главный изъян стал главным достоинством.

Сломить сопротивление homo помогла волшебная слепота его головного мозга. Мы знаем, что почуяв сочную ложь, мозг повизгивает от удовольствия и занимает очередь. Конечно, не воспользоваться этим было нельзя.

Раскрутив данный дефект — эволюция вышла на новый инструмент развития вида. А именно — на религию, которая была неизбежным следствием этого свойства и его прямым порождением. У мозга появился всемогущий хозяин — и человек предал свои биологические интересы.

Забавен итог применения этого инструмента.

Присмотримся к фиксированной истории человека. Она поразительно уродлива. Ее летописи набиты наполеонами-фараонами-чикатилами, а также освенцимами всех видов. Она пропитана аномальной злобой и бессмысленной тратой сил, вроде пирамид или «нотрдамов».

Примечательно, что 99,9% отпущенного ему времени род homo тратит не на развитие, а на бесконечное скитание от одного бога к другому, на массовые убийства, культовые практики и создание тупиковых социальных схем.

Впрочем, особой загадки здесь нет.

По всей вероятности, данное уродство — это следы крайне грубого инструмента, которым пришлось поработать эволюции.

Будем до конца откровенны. Если очистить наращенную культурой шелуху, то мы увидим, что лик человека — это рожа пещерника, обтесанная тупыми зубилами религий. Согласитесь, что история такого существа другой быть и не могла. ГУЛАГ и гиалуроновые губы были неизбежны.

Конечно, процесс усложнения популяции homo нуждался в мясе. Но по эволюционным меркам он обошелся не так уж дорого. Всего лишь в тридцать-сорок миллиардов особей, погибших мучительной смертью.

Это сущие пустяки по сравнению с устрицами или осами. Те за свое развитие сложили квадриллионы голов.

ПОВЕЛИТЕЛИ МОЗГА

Всякий бог, как и любая другая иллюзия, имеет срок годности.

По истечении — утрачивает свои свойства и списывается.

На свалке использованных богов — сотни персонажей различного ранга и происхождения.

Тут пылятся обломки Ваала и Гитлера, Озириса и валькирий. Со всех осыпался грим величия, а колючки Иисуса перемешались с перьями Вакан-Танка.

Когда-то все они казались всесильными и «спасителями». За них убивали и умирали. В их образах концентрировались главные смыслы. Но наступило разочарование.

Что же сформировало эту грандиозную свалку?

Причина проста. Дело в том, что, подгруженная в мозги реактивная масса со временем портится.

Драматические байки окисляются. Раздражители деформируются. Реакция протекает либо слишком вяло, либо не происходит вообще. Соответственно, прекращается и волшебный зуд в коре полушарий. «Вера» пропадает, и мозг ищет себе нового хозяина. Такого, чтобы «заводил».

Как правило, он его находит.

Но мы помним, что homo прошел университет палеолита, где отлично усвоил науку злобы и подозрительности. Поэтому новенького бога сразу «ставят на счетчик».

Да, «к нему рыдают». Его жрецам лижут руки. За него ходят в крестовые походы или вырезают его врагов «до седьмого колена». Но обожая и уповая — человек фиксирует и все проколы божества. Он копит сомнения во всемогуществе своего мистического хозяина и коллекционирует обиды.

Ведь помимо волшебного зуда, homo ждет еще и подарочки. А их, разумеется, нет. Со временем наступает неизбежное разочарование, и свалка комплектуется обломками еще одного бога.

По самым скромным подсчетам там свалено уже штук пятьсот бывших поводырей человечества.

ПРЕДКИ ГОРЯЧЕГО КОПЧЕНИЯ

Разумеется, объектом культа может стать как чистая иллюзия, так и реалия, прошедшая специальную обработку. Мы это видим на примере Ленина, фараонов или духов-покровителей племен Гвинеи. Напомним, что тех изготавливают из умерших родственников. Как из сыровяленых, так и «с дымком».

Реалии иногда работают сильнее чистых иллюзий, но быстро девальвируются. Их магическая сила не отличается прочностью.

У глобальных «вер» совсем другие проблемы. Важнейшая из них — это непредъявляемость божества. Ведь большие повелители мозга проживают только в словах и картинках. Им трагически не хватает вещности.

Рано или поздно публика требует автограф-сессию и «совместное селфи». Конечно, ей можно подсунуть мощи «отличников веры» или развлечь погромами.

В известной степени вера освежается кострами еретиков или крутизной культовой архитектуры. До поры до времени это работает, но проблемы «реального присутствия» божества не решает. Сомнения закрадываются и крепнут.

Культы знают свое слабое место и имитируют эффект «присутствия» бога изготовлением его «мяса». Ацтеки делали его из свеклы, христиане из булки, папуасы — из орехов, etc. «Мясо» коллективно поедается с песнями и плясками. Есть и еще несколько забавных приемов, но бесконечно морочить публике головы невозможно. Счетчик тикает. Бог приходит в негодность.

Преимущество же родины заключается в том, что она

является идеальным религиозным объектом. Обычной коррозии почти не подвержена.

Почему?

Потому что ее существование ни у кого не вызывает сомнений. Родину можно трогать руками. Березки, каньоны и другие декорации создают иллюзию абсолютной вещности и предъявляемости божества. Прежде этим не могла похвастаться ни одна «большая» религия.

Конечно, это подмена. Ведь сопки и березки не распоряжаются жизнями и судьбами. Они не ведут войн и не собирают налоги. Но эта подмена блистательно удалась. Тут следует снять шляпу.

Да, «родина» сделана из того же самого материала, что и прочие религиозные культы. И работает по тому же самому рефлекторному принципу. Ничего принципиально нового.

Набор возбудителей «высокого зуда» хорошо известен. Это гимны, присяги, знамена, парады, коронации, паспорта, пограничные штампики, воинские ритуалы, продукты культуры, дни победы, etc, etc.

На первый взгляд все это не имеет отношения ни к какой «вере». Но лишь на первый. На самом деле все это банальные раздражители, которые активируют подгруженную реактивную массу волнительных патриотических баек.

Религия родины насквозь пропитала полушария и на данный момент является неискоренимой. С учетом известного дефекта мозга — разоблачение ей пока не грозит. Она прекрасна еще и тем, что в ней сконцентрирована вся способность человека не замечать очевидного и без сожалений расставаться с конечностями, жизнью и свободой.

В этом культе есть место для всех. Для солдафонов, поэтов и рецептов супа. Даже распятого приспособили к делу. Теперь он наводит небесный блеск на сапоги родины. Отметим, что в этом ремесле бывший бог достиг совершенства и обеспечил себе тихую, но сытую старость.

Плохо обстоят дела только с символом. Он должен быть забористым и ясным, как Ваал.

Финикийцы первыми сообразили, что глупо жарить жертвенных детишек просто на сковородке. Поэтому был воздвигнут бронзовый пучеглазый исполин с разинутой пастью. Пучеглазого раскаляли. Жрец хватал младенца и с разбегу, через пасть производил вбрасывание. Возможно, это было днем рождения баскетбола и различных религиозных шоу. Так или иначе, но Ваал-Цафон на века стал уважаемым брендом.

Религия родины со временем тоже обзавелась символом. Но им стала не «Мамаша» из цирка Бальдуччи, а грудастая тетка с мечом, непонятно кого и куда зовущая.

Увы, данный образ не слишком удачен. И не вполне правдив. В частности, скрыт тот факт, что в роскошном бюсте родины молоко, как правило, ядовито.

РАЗВЕСИСТАЯ ЗОЯ

Сегодня либералы и патриоты опять сплелись рогами. Первые — объявляют Зою Анатольевну Космодемьянскую шизофреничкой, вторые — святой.

Что произошло?

Поясняем. У режима дефицит национальных героев. Его решили компенсировать, прокрутив по второму разу персонажей советского пантеона.

Дело в том, что «родина» — это еще одна религия. Как и всякой вере, ей требуются пророки и мученики. А их парк надо постоянно обновлять. Если обновлять не получается — приходится скрести по сусекам прошлого.

Недавно наскребли Зою. Старый советский культ потребовал легкой модернизации. Посему на комсомолку примерили нимб святой и отметили, что «очень идет». Разумеется, тут же нашлись желающие попортить праздник. Они объявили Космодемьянскую «умалишенной».

В этом деле пора поставить примиряющую точку. Она заключается в том, что правда о диверсантке никогда не станет известна.

Что такое «правда»? Это то, что можно проверить экспериментально. Это абсолютная точность постоянной Больцмана или нисходящей цепочки распада урана.

А история не наука, а клюква. В ней все очень условно. Правда вообще не проходит по ее ведомству. Мемуары и документы — для вычисления подлинной картины, увы, не пригодны. Они сами нуждаются в проверках.

Чем их можно поверить?

Только другими свидетельствами, которые тоже, в свою очередь, потребуют ревизии. Возникает дурная бесконечность проверятельства. Причем каждая проверка привносит не ясность, а новую погрешность. В результате от реального объекта остается туманный контур, который можно раскрашивать, как заблагорассудится. Чем, собственно, и занимаются историки.

В «деле Зои» тоже нет фактов в строгом (и единственном) смысле этого слова. С этим надо смириться. Ничего страшного в этом нет. Просто следует отбросить всякие научные методы и оценивать дело по канонам мифологии.

Поясним.

Есть точные науки, а есть другое измерение, полное суррогатов и очаровательной лжи. Этот мир именуется «культурой». Он полон эльфов, панфиловцев и пришельцев. В нем развеваются аркольские знамена, хохочут гномы и Анна Каренина сигает под локомотив. Космодемьянская — гражданка именно этого измерения. Патриотов это обстоятельство должно успокоить. Причинить какой-либо ущерб комсомолке теперь так же невозможно, как обидеть Изиду или мадам Бовари.

Впрочем, даже из культурно-исторической клюквы возможно извлечь квадратные корни смыслов. (Разумеется, с них будет капать морс.)

Итак.

Уже с 1941 года — Зоя становится одной из богинь сталинского пантеона. С той минуты вера в Космодемьянскую является обязательным маркером принадлежности к советскому стаду. Зою вжигают, как тавро.

Но времена изменились.

Пришло понимание, что сам по себе «подвиг» ничего не значит.

Орки тысячами погибали во имя Мордора. Фриц Кристен, Зепп и другие солдаты Рейха тоже совершали подвиги. Тем же занимались японские камикадзе, берсерки, жирондисты и воины-ягуары древней Мексики. Да, все они виртуозно убивали и мучительно умирали. Но это не повод помнить их имена.

Подвиг — примитивное, а часто и преступное действие. На него способны даже алкоголики, дикари и террористы. Имеет значение лишь то, чему послужил подвиг. И какой в нем содержится урок.

Тут нарисовался вопрос: кто такая Космодемьянская и какой полезный опыт заключен в ее поступке? Во имя чего она погибла и зачем вообще сохранять о ней память?

В связи с этим возникла необходимость вскрыть и отпрепарировать этот старый советский культ.

Напомним, что он содержит три основных постулата:

В сороковом году Зоя пережила острый менингит.

В сорок первом совершила поджог нескольких русских крестьянских домов в деревне Петрищево.

Общими усилиями крестьян и немцев была повешена.

Все прочее в ее деле имеет явно выраженные признаки солдатского фольклора и всерьез рассматриваться не может.

Прежде всего, публику очень беспокоит вопрос: была ли Космодемьянская умалишенной? Что менингит натворил в мозгу комсомолки?

Ответ могла бы дать только игла Квинке, грамотная пункция и 5 мл спинномозговой жидкости. Возникла бы ясность, каким именно был Зоин менингит. Серозным или гнойным. Дело в том, что последствия у них существенно рознятся. Они варьируют от безобидных легких галлюцинаций и светобоязни — до глубокого сопора и невозможности вспомнить свое собственное имя.

Но! Поскольку пункция невозможна, то вопрос о состоянии диверсантки навсегда останется открытым. И по сути, праздным.

Исходя из конъюнктуры, ее можно наряжать хоть в тогу героини, хоть в смирительную рубашку. Разумеется, историки будут распускать друг перед другом павлиньи хвосты толкований. Но все варианты всегда будут равноценно ложными.

Попутно отметим, что декларация о шизофрении Зои некорректна. Менингит, даже гнойный — не лучший путь в настоящую шизофрению. Напомним, что шизофрения является солидным эндогенным заболеванием и не может быть следствием воспаления мозговых оболочек.

Максимум, на что может рассчитывать менингиальный пациент, так это на «радикальное снижение умственных способностей и прогрессирующую деменцию».

Впрочем, даже если самый острый менингит и «прошелся по буфету», то нет никаких причин выдворять Космодемьянскую из пантеона героев.

Поясним.

Душевнобольных, слабоумных и детей использовали для диверсий во все времена. Это деловой подход, гарантирующий множество плюсов. Дело в том, что персонажами с атипичной рефлекторикой гораздо легче манипулировать. Оценка рисков у них ниже, внушаемость — выше. Слабоумные охотнее умирают, а потеря таких кадров, мягко говоря, не является трагедией. Хороши эти фигуранты и в плену. На допросах они декламируют лишь тезисы пропаганды, так как попросту не способны дать никаких показаний.

Их использовали китайцы, викинги, буры, австровенгры, et cetera.

И во Второй Мировой не было никаких причин отказываться от применения душевнобольных. Конечно, чаще всего работали они кривовато. Поджигалось и подрывалось не совсем то, что было намечено. Но с учетом малой ценности исполнителей практика оставалась (относительно) эффективной.

Отметим, что если сталинские командиры и использовали неадекватность Космодемьянской, то ЦК КПСС щедро расплатился с ней бюстиками и названиями улиц. Обычно же таким диверсантам было гарантированно забвение. Буры бросали своих умалишенных без погребения и забывали их имена. А вот идеологи СССР оказались умнее буров. Они поднатужились и зажгли в небесах пропаганды сверхновую звезду. Ее сиянье вдохновило умереть за режим еще пару сотен патриотов.

При этом отметим, что версия «слабоумия» Зои отнюдь не исключает ее «святости». Предмет спора и тут отсутствует. Эти два состояния частенько ходят под ручку и великолепно уживаются.

Жития святых полны маньяков, эксгибиционистов, членовредителей, поджигателей и серийных убийц. По меркам современной психиатрии 85% святых христианской церкви подлежат немедленной госпитализации и принудительному лечению аминазином и галоперидолом с доведением дозы от 30 до 50 мг в сутки.

Трудно предсказать, какие дозы были бы прописаны св. Арсению, у которого «от постоянного плача о господе выпали ресницы». Или св. Симеону, любившему натираться собственным калом и разводить червей в «язвах тела своего».

Напомню, что слой вшей на св. Лавре был так толст, что покрывал маской даже его лицо. (Смахнуть их Лавр не мог, так как всегда держал руки крестообразно.) У св. Франциска вшей было поменьше, но зато он постоянно целовал их, вытаскивая из шевелюры. (Потом запускал обратно.) Св. Василий Блаженный был большим любителем демонстрировать московиткам свои эрегированные гениталии, а св. Анджела свои — прижигала горящим поленом «до пузырей и почернения».

Конечно, для стабилизации состояния этих персонажей 30 мг в сутки было бы маловато. Но в Житиях их стиль поведения не осуждается, а предлагается, как образец для подражания. Св. Симеон, св. Лавр и пр. красуются на иконостасах.

Как видим — слабоумие святости не помеха. И Зоя не исключение. Возможно, она жгла дома в Петрищево просто потому, что вообще не понимала, что она делает. Иначе ее поджигательское рвение объяснить сложно: мороз в тот ноябрь доходил до -15° по Цельсию.

Напомним, что сталинский приказ № 428 предписывал диверсантам «сжигать дотла» все русские деревни на оккупированных территориях.

(Население, которое не сумела защитить отступившая сталинская армия, тем самым обрекалось на голод и смерть. Позже 428-ой приказ был признан преступным и глупым.)

Но! Повторяем, болезнь Космодемьянской — это лишь предположение, часть клюквенного мифа. Утверждать что-либо — значит опускаться до уровня историков. Мотивация диверсантки была и останется загадкой.

Впрочем, есть и еще одна версия ее поступков. Эта гипотеза помрачнее, чем помешательство, но и она тоже имеет право на существование.

Возможно, менингит не произвел существенных деформаций структур мозга комсомолки. (Так бывает.) Вполне вероятно, что Космодемьянская была здорова. Но она была патриоткой и очень любила свою родину.

Расшифруем это понятие применительно к Зое Анатольевне и тому времени. Любопытно, что именно она считала «родиной» и какой смысл вкладывала в это понятие?

Итак.

Зоя выросла и сформировалась в том людоедском режиме, где общественной нормой была деградация, доносы и смерть. Девушка не знала иной реальности, кроме сталинщины. А ее уродство воспринимала, как единственно правильный образ жизни.

Вывеска «Россия» была сбита с фасада страны. Под словом «родина» подразумевались расстрельные рвы, голод и одержимость бредом всемирного коммунизма.

Аккуратно напомним, что доминантой государственного пейзажа были штабеля промерзлых трупов ГУЛАГа. На этом торте были и вишенки: изоляция и вой о «врагах народа». А также право власти убивать столько людей, сколько ей захочется.

Никакой другой «родины», кроме сталинской преисподней — у Космодемьянской не было. Только она могла быть объектом Зоиного патриотического фанатизма. И принести себя в жертву она могла только ей. Что и сделала, безусловно оказав режиму важную услугу.

Фактор войны в данном случае не является определяющим. С любыми врагами своего ада у Космодемьянской, вероятно, был бы такой же короткий разговор, как с глупыми крестьянами деревни Петрищево и немецкой ватой.

Как видим, старый советский миф не так прост. Конечно, в нем много клюквы, но есть и любопытный смысл.

Он заключается в том, что любой режим способен уцелеть в любой ситуации, если сможет прикинуться «родиной» и от ее имени постучать зубами об стакан. Тогда ему гарантировано слепое подчинение народа и массовая жертвенность.

Высший класс при исполнении такого фокуса показал

Иосиф Виссарионович. До сих пор миллионы убеждены, что его устами вещало само божество «родины». Кровожадный бред Сталина был воспринят как высшее откровение, обязательное к немедленному исполнению.

Чтобы при случае повторить этот трюк, память о Зое следует сохранять долго и бережно. Как, впрочем, и другие мифы о богах и богинях сталинского пантеона.

ОРЕЛ ОБЩЕГО ПОЛЬЗОВАНИЯ И САБЛЕЗУБЫЙ КРЕМЛЬ

Живодеры Месопотамии снабдили своего бога войны двумя головами.

Зачем?

Затем, что ему надлежало пожирать не только врагов внешних, но и непослушных месопотамцев. Согласно воззрениям шумеров это следовало делать двумя разными ртами. Чужаков следовало рвать и быстро проглатывать, а местных смутьянов — жевать с оттяжкой. (Родина любит, когда «своим больнее».)

Но! Два рта плохо помещались на маленькой голове военного бога. Став многоротым, растопыренный карлик Нинурту мог стать посмешищем черни, а не ужасом врагов и смутьянов.

Но выход нашелся.

Месопотамцы проявили смекалку, приделали богу еще одну голову и проблема двухротости решилась.

Впрочем, это не добавило Нинурту респектабельности. Посему двуглавого уродца обрастили перышками. Поменяли кривые ручки на крылья, а губастые рты на клювы.

И свершилось чудо дизайна. Двухротый сперва стал просто птичкой, а со временем окончательно поорлел.

Бренд оказался настолько удачным, что почти 5000 лет держался в топе символов всевластия.

До своей последней прописки (в гербе Российской Федерации) шумерское божество долго ходило по рукам. Его лепили на знамена все любители отрубать, вспарывать, сжигать и захватывать.

Предпоследним (до РФ) пользователем птицы-мутанта был «Союз фашистских крошек».

А до «крошек» старик Нинурту послужил эсэсовцам, туркам, индусам, хеттам, албанцам, ромеям и монгольской Орде. Издыхая, добрая Орда завещала его Московии.

Иными словами, двуглавый хорош всем, кроме некоторой затасканности и сомнительного происхождения.

Мягко говоря, это орел общего пользования.

Смилодон в гербе России смотрелся бы свежее.

Он эксклюзивнее. Его пугательный потенциал выше. И он лучше орла символизирует как само величие, так и его последствия.

Напомним, что красавчик смилодон обитал в плейстоцене и прославился клыками невероятных размеров.

Саблезубый внушал ужас всему живому. От его мурлыканья седели мамонты и писались утконосы.

Поколения смилодонов упрямо жертвовали всем ради зубастости. Их организм хирел, но клыки становились все внушительнее.

Со временем начались проблемы.

Сперва крякнулось зрение. Дело в том, что зубья росли не только вниз. Крупнели и удлинялись и их корни, занимая все больше места в черепе. А потом наступил момент, когда корни залезли почти в глазницы.

Затем утратился хвост и помельчали лапы. Посеклась шерсть. Но клычары росли и росли.

Эволюция махнула рукой на идиотничающего котяру и ничего исправлять не стала.

Разумеется, закончилось конфузом.

Клыки стали так велики, что рот нашего героя вообще перестал закрываться. В нем завелись мухи и мыши. Ослепший саблезубец больше не мог ни рычать, ни есть, ни мурлыкать. А затем и вовсе потерял способность поднимать голову.

Точку в трагедии поставили ленивцы.

Эти неполнозубые листоеды были несчастны в личной жизни. Соответственно, насиловали все, что не могло от них уползти. А слепой и обездвиженный клыконосец был идеальным объектом.

Половой акт в исполнении ленивца был мучительно зануден. Он мог продолжаться неделями, и в результате убивал жертву.

Вероятно, последний из смилодонов и скончался именно под ленивцем.

Не исключено, что Россию ждет похожая судьба.

За клыки имперского величия придется заплатить. Пока не ясно, кто сыграет роль ленивца, но желающие, несомненно, найдутся.

В процессе выяснится, что клыки-то были бутафорскими. Но есть надежда, что народ об этом никогда не узнает.

ВЕЖЛИВЫЕ ОРКИ

Рецензия на последнего «Хоббита»

Всякая экранизация художественной литературы хороша уже тем, что позволяет эту литературу не читать.

Экранизация Толкиена хороша вдвойне, так как она позволяет не читать ее всю и без лишней потери знакомит с концентратом художественной культуры человечества.

Дело в том, что в литературном «котле» Толкиена сварились и выварились Шекспиры, Толстые, Стендали, а также бессчетное количество всяких «маленьких принцев», спартанцев и красных шапочек. По сути, все, что надо знать о культуре homo, очень компактно разместилось в эпопее про дурацких гномов. Причем в весьма вкусной пропорции.

Затем пришел Питер Джексон и произвел то, что можно назвать «кинематографической канонизацией» Толкиена.

В результате история о кольце всевластья, дракончиках и больших эльфийских ушах (частью которой является данный фильм), стала одной из визитных карточек человечества. К этому можно относиться как угодно, но факт следует признать. Вероятно, нет необходимости приводить в качестве доказательства кассовые сборы эпопеи, а также рекордность вызванных ею медийных и общественных резонансов.

Как получилось, что «дурь про гномов» так легко завоевала мир, попутно затоптав распятия и кринолины с наполеонами — теперь уже обсуждать поздно. Это произошло.

Да, безусловно, на успех картины сработали безумные деньги ее бюджета. Но отметим, что из всей «большой» литературы, только эстетика Толкиена смогла раскошелить продюсерский клан на сотни миллионов долларов. Ни на что другое их просто никто бы не дал. Разумеется, деньги с лихвой вернулись.

Как опять выяснилось, даже в России гномы круче белых офицеров, романтичнее расстрелянных царей и любимее всяких Февроний.

Кассовые мерки, как ни крути, остаются единственным объективным мерилом успеха в кинематографе.

«Хоббит-3» — это как раз тот случай, когда успешность и влиятельность явления делает излишним обсуждения его кинематографических достоинств или недостатков.

Посему мерить «Хоббита» обычной рецензионной мерой столь же нелепо, как, к примеру, рецензировать падение Чискулубского метеорита.

Конечно, метеорит можно пожурить за неровности краев выбитого им стокилометрового кратера или сделать ему выговор за масштабы возникших по его вине пожаров или разрушений. А можно восхищаться его способностью расколоть литосферные плиты и «запустить» дремавшие вулканы.

Но... как правило, очень большой метеорит безразличен к критике и глух к восторгам. Нам остается лишь оценить причиненные им разрушения и попытаться угадать, для каких новых форм жизни его падение открыло дорогу. (По одной из палеонтологических версий именно Чискулубский метеорит отправил на тот свет динозавров, что и позволило развиться млекопитающим).

Разумеется, толкиеновская эпопея Джексона — это очередной удар по всей идеологии и «уникальной» сущности «русского міра». Явления такого масштаба, как

«Властелин Колец-Хоббит», аккумулируя и отчасти культивируя образцы европейской эстетики, как правило, безжалостны к аборигенным достижениям. Они попросту раздавливают их и успешно замещают собой.

России с ее «великой культурой» противопоставить гномикам Толкиена, разумеется, опять оказалось нечего. О каракулях, которые именуются «современной литературой», в этом контексте вообще упоминать смешно, а «классика» находится сегодня в состоянии окончательного отмирания.

Разумеется, и ей было бы не выиграть в этой схватке. Просто потому, что война и мир Бильбо Беггинса оказалась способна поведать о человека больше и лучше, чем война и мир толстовских героев.

Красивый западный авантюризм Толкиена и его культ абсолютной свободы — всегда будут актуальнее, чем страсти нафталиновых персонажей русской литературы, живущих в покорности тронам, религии, нелепым традициям и фальшивым идеям.

Особенно сегодня, когда, судя по всем приметам, и в России вновь заканчивается время чиновников и наступает время негодяев.

Что, вообще-то, неизбежно. В течение долгого времени очень тонко (до прозрачности) нарезанные кусочки родины распределялись только среди чиновничьего стада. В этом была, разумеется, своя прелесть, так как обеспечивался некий порядок. У стада была одна-единственная обязанность. Чавкать родиной так, чтобы население не слышало. Но их не хватило даже на это. Они не только слишком громко чавкали, они еще и начали рыгать на всю страну.

Кажется, дочавкались. Кольцо опять придется бросить в Ородруин.

Явление хоббита России содержит лишь одну загадку: зачем попы, черносотенцы и другие комиссары казенной духовности учинили такой скандал с оком Саурона над Москвой?

Всю страсть, растраченную на борьбу с невинной выходкой рекламщиков — им следовало обратить против действительно смертоносного для них факта появления очередного «Хоббита» во всех кинотеатрах «русского мiра». Но тут им явно ничего не светило, и они решили удовольствоваться малым. Тем, на что хватило силенок. И запретили «око». А очень зря.

Хотя, вероятно, патриотам следовало бы преодолеть культурологическую робость, оседлать ситуацию и использовать образы орков для успешной пропаганды своей идеологии.

Ведь именно орки, как никто другой, демонстрируют способность отдавать весь свой потенциал на нужды ВПК. Они готовы бездумно и радостно дохнуть тысячами на полях сражений. Несомненно, их портреты стали бы лучшим украшением классов военно-патриотической подготовки.

Более того, именно орки олицетворяют вежливость в том смысле, который сегодня, в РФ, вкладывается в это слово.

БЕДНЯГА ФРЕЙД

В конце XIX столетия Зигмунд (Сигизмунд Шломо) Фрейд уже начал формулировать свое фантазийное учение. Его сила была (прежде всего) в чрезвычайной лестности идей фрейдизма для человечества.

(Как мы видим, в обывательском фольклоре фрейдистская терминология и сегодня занимает весьма почетное место.)

От Фрейда люди не без удовольствия узнали, что их мышление имеет в своей основе тайные порочные механизмы, что управляется оно неким всесильным «подсознанием», а также «силами бессознательного». Еще одним приятным открытием было то, что все эти загадочные процессы поддаются регулировке с помощью т.н. «психоанализа».

Для рынка парамедицинских услуг того времени данная теория была самым подходящим товаром.

Дело в том, что Европа уже научилась «нервничать». Она выяснила, что существует «психика» и искала ей достойного применения.

Сперва в моду вошли обмороки и затяжные истерики. Затем, по мере развития психиатрии, стал известен обширный список невротических депрессий — и публика быстро научилась страдать теми из них, что свидетельствовали о «тонкой душевной организации». Конечно, особенно усердствовали дамы. Но и среди мужского населения мало кто мог позволить себе «нервное здоровье». Это расценивалось, как вызов обществу, дурной тон и прямое свидетельство примитивности индивидуума.

Классическая психиатрия, разумеется, была не готова к эпидемии душевной утонченности.

Тут-то и возник доктор Сигизмунд Шломо с его «психоанализом».

По одной из версий — он очень правильно оценил «клинический пейзаж» и его финансовые потенциалы. (Они действительно были великолепны.)

Более того, умный и наблюдательный Сигизмунд уже хорошо знал, как скучна и скудна судьба физиолога-академиста, преданного своей «чистой» науке. Участь обычного «доктора» была ничем не лучше. Чинное загнивание в статусе квартального лекаря в планы Фрейда никак не входило.

Он не мог не видеть, как со всех сторон тянутся бумажники и портмоне, предназначенные тому, кто сможет сделать лечение «души» не менее увлекательным, чем обладание ею.

Конечно же, Фрейд отозвался на этот зов. Он легко превратил имеющийся у него академический багаж в сырье для многозначительных фантазий и забавного шарлатанства.

Но именно это и нужно было публике. Измотанная издевательствами материалистов над вечными ценностями, она требовала от неврологии чувствительного привкуса непостижимого. Фрейд обеспечил этот привкус — и попал в «десятку».

Впрочем, все было не так линейно. Чарующее шарлатанство психоанализа, возможно, никогда бы не украсило скрижали истории медицины, если бы не $C_{17}H_{21}NO_4$.

Конечно, теперь трудно понять, кто был в большей степени автором идей «подсознания, бессознательного и психоанализа» — сам Фрейд или тот (в общей сложности) центнер кокаина, который, начиная с 1883 года, доктор Сигизмунд Шломо проглотил, инъецировал, втер во все свои слизистые, употребил назально, клизмально и даже в виде глазных капель.

Человека, знакомого с основами физиологии мозга, заподозрить в изобретении таких фантазий, как «подсознание», чрезвычайно сложно. А Фрейд не просто знал физиологию, а знал хорошо. И до своего кокаинового периода написал несколько недурных статей, в том числе и для медицинской энциклопедии Нотнагеля. Так что, скорее всего, подлинным творцом фрейдизма является все-таки не сам доктор, а $C_{17} H_{21} NO_4$.

(Впрочем, кокаин, в силу известных причин, не смог заявить о своем авторстве, и все лавры достались исключительно Зигмунду Фрейду.)

Кстати, (судя по всему), именно постоянное кокаиновое опьянение помешало Фрейду заметить то существенное открытие, которое он случайно сделал в 1884 году. Испытывая на себе кокаин, присланный ему для исследований фабрикой Мерка в Дармштадте — он опробовал его сильный настой на роговицах собственных глаз и обнаружил способность cocainum парализовывать рецепторы, в том числе и болевые.

Чуть позже открытие было присвоено Карлом Коллером, который именно на основании невнятной статьи Фрейда в «Heitlersche Zentralblatt für Terapie», (описавшего там свои личные ощущения) — ввел в оперативную офтальмологию способ кокаиновой анестезии роговицы, чем начал «новую эру» глазной медицины.

Фрейда эта ситуация привела в долговременное бешенство и (по всей вероятности) детонировала его полный разрыв с физиологией и медициной. Впрочем, он никогда не забывал про завораживающую силу научной терминологии и продолжал ею жонглировать.

Более того, хорошо понимая коммерческий вес ученых регалий, доктор Сигизмунд Шломо одиннадцать раз безуспешно номинировался на Нобелевскую премию.

Но по существу все его учение (как по собственному признанию Фрейда, так и по факту) связи с имеющимися у него научными познаниями не имело. Более того, он неоднократно упоминал, что «лучших своих учеников он нашел среди не-медиков» *(Ф. Виттельс «Фрейд его личность, учение и школа» 1925)*

Нобелевский лауреат Питер Медавар в свое время высказался о Фрейде — «грандиозное мошенничество XX века». Но Медавар, ослепленный академической брезгливостью, по всей вероятности, все же ошибся.

Ничего грандиозного в учении Фрейда нет. К сожалению, в нем нет вообще ничего, достойного упоминания.

Фрейд долго вызывал справедливое раздражение биологов, физиологов и неврологов, пока время не спустило его из науки «тремя этажами ниже», в массово-развлекательные дисциплины, вроде эзотерики, астрологии и психологии.

КРАСАВЕЦ ДЕКАРТ

Конечно, наука XVII столетия была фантасмагорическим месивом, в котором обоснованное и точное переплелось с самыми дикими домыслами. Работы Кеплера соседствовали с улетевшим к Сатурну препуцием Христа, а грубейшие ошибки Кирхериуса имели тот же вес, что и открытия Ферма.

Углубление во все без исключения тогда было столь же нереальным, как и сегодня. Или — еще невозможнее.

Сегодня у нас есть законы естествознания. Все, что им противоречит, может быть смело и безоговорочно отбраковано. Мы можем не принимать во внимание (или не воспринимать всерьез) летающие препуции, психотерапии или «внетелесные ощущения».

Тогда эти ориентиры еще не были сформулированы. Все было гораздо сложнее и запутанней.

И это было прекрасно, так как только безбрежный и бездонный эпистемологический хаос XVII века мог породить фигуру, способную этот хаос укротить и упорядочить. По логике развития науки она непременно должна была выйти из «пены столетия».

И «Афродита» не замедлила явиться.

Ею стал профессиональный солдат-наемник, картежник и дуэлянт Рене де Декарт. Он же Картезий или Картезиус, т.к. академические правила того времени требовали от ученого латинизировать имя.

Его образование ограничилось иезуитской школой в Ля Флеш, где Декарта обучили латыни, начаткам простой математики, а также иезуитской логике.

Окончив школу, Декарт отправился воевать.

Разумеется, не за родную Францию, а за талеры и гульдены. Под знаменами Максимилиана Баварского он брал Прагу, а под барабаны принца Оранского — громил Арминиан.

Попутно он странствовал, картежничал, брюхатил дам и девиц, богохульничал, пьянствовал, пиратствовал, курил табак, дрался на дуэлях — т.е. вел очень здоровый образ жизни.

Периодически Декарт затворялся в глуши и шлифовал линзы. Или навещал бойни, где изучал свиные сердца.

Впрочем, не только сердца и не только свиные.

Вспомним известный пример, характеризующий его, как весьма дерзкого экспериментатора.

Проделав в ставне на окне своего кабинета отверстие, Декарт закрепил в нем свежевынутый бычий глаз, «смотрящий наружу». С задней стенки глаза он соскоблил слой тканей и получил возможность «через глаз» созерцать миниатюрное перевернутое изображение собственного двора.

Его эмбриологические занятия тоже стоят отдельного упоминания.

«Я однажды заставил убить корову, которая, как я знал, недавно зачала, исключительно с целью осмотреть ее плод» (Декарт, Письмо к Мерсену от 2 ноября 1646 года).

Он никогда и нигде не преподавал, да и вообще избегал академической среды. В частности, известно, что по необъяснимым причинам Декарт уклонился от знакомства даже с Галилеем.

Свои дни он закончил при дворе шведской королевы Кристины, приняв отравленную облатку из рук иезуита Жака Виоге, так как орден Иисуса стало раздражать влияние Картезиуса на юную королеву.

Конечно, ему больше пошел бы костер, но сентиментальные иезуиты решили по-братски обойтись с выпускником школы Ля Флеш и ограничились ядом в причастии.

Чем именно начинил Виоге «тело христово» осталось неизвестным, но умер Декарт в муках.

Дальше все складывалось еще удачнее: его сочинения были внесены в INDEX LIBRORUM PROHIBITORUM, а специальным указом Людовика XIV во всех университетах Франции было запрещено поминать даже имя Картезия.

Жизнеописание Декарта, разумеется, не может вызвать ничего, кроме зависти. Хотя его отчасти и перещеголял Хокинг с боковым амиотрофическим синдромом, тем не менее, биография Рене де Декарта и по сей день является эталонной для ученого.

Впрочем, дело не в этом.

Следует напомнить, что мы говорим о человеке, который с поразительной легкостью перевернул и структурировал европейскую науку.

Он подарил метод, с помощью которого из любого месива знаний можно изъять самое необходимое и важное, отсеяв пустяки и лишние подробности.

Картезий утвердил очевидное: «*Все науки настолько связаны между собой, что легче их изучать все сразу, нежели какую-либо одну из них в отдельности от всех прочих...*» (Декарт «Правила для руководства ума» Правило 1-е.)

Его «*Рассуждение о методе, позволяющем направлять свой разум и отыскивать истину в науках*» не утратило эффективности и сегодня. Определенные неудобства доставляет архаичность стиля, но ее преодоление щедро вознаграждается.

Более того, без применения декартовского метода «снимания сливок со всех наук» попытка разобраться в происхождении жизни сегодня обречена на полный провал.

Не случайно один из первых авторов теории абиогенеза Джон Бэрдон Сандерсон Холдейн (1892-1964), основоположник биохимической генетики, основал общество «картезианцев» и первым в XX веке применил разработанные Рене Декартом методы.

Необходимо уточнение. Под картезианством (в данном случае) имеется в виду не философская система и не мерещившаяся Декарту «двойственность мира». Отнюдь. Мы говорим лишь о механике мышления. О способности дерзко и безошибочно обобщать.

Конечно, применение картезианского метода обрекает на некоторую поверхностность, а порой и на забавные мелкие ошибки.

По поводу ошибок можно не беспокоиться. Если идея имеет ценность, то в науке достаточно уборщиц, которые охотно приберут неизбежный мусор. Надо же чем-то заниматься полчищам доцентов, которым робость и «закомплексованность» не позволяют вычерчивать парадигмы или совершать реальные открытия.

МУРЛЫКАНЬЕ РИЧАРДА ДОКИНЗА

Новая книга Докинза «Рассказ предка — паломничество к истокам жизни» — фундаментальный вернисаж части заблуждений, связанных с эволюцией человека. Эта прекрасная книга является образчиком поразительного самодовольствия и поспешности.

Тряпичная кукла, изготовленная по правилам культа Вуду, называется «мистическим заместителем». Если она сделана правильно, то любые ощущения будут передаваться от нее к тому человеку, чье имя она носит.

Втыкания в куклу иголок будет вызывать у оригинала резкие внезапные боли. Прижигания огнем — ожоги. А пережимание шеи — удушье.

Но! В мрачную практику Вуду, как выяснилось, легко внести позитивные новации: можно изготовить куклу себя самого и начать почесывать ей спину. По логике Вуду и эти ощущения тоже должны передаться от куклы к ее живому двойнику.

По сравнению с реальным процессом, магическое почесывание гарантирует массу преимуществ. Исчезает необходимость выворачивать в суставах руку, чтобы дотянуться ногтями до лопаток. Нет необходимости орудовать чесалкой или привлекать к процессу друзей, родственников или третьих лиц.

В своем фундаментальном труде *«Рассказ предка — паломничество к истокам жизни»* профессор Докинз именно этим и занимается. Изготовив очередную красивую куклу геноцентризма, он на семистах страницах ласкает ее, мурлыча от удовольствия. В этом мурлыканье нет ничего удивительного: нежничая с куклой — Докинз почесывает научную спинку себе самому.

Кстати, «кукла» действительно хороша. Настолько, что может стать «Альмагестом» эволюционной биологии.

Напомним, что античная наука, выбирая меж системами Аристарха и Птолемея, разумеется, предпочла последнего. Аристарх утверждал, что «вселенная» имеет центром и интегратором Солнце, а Птолемей делегировал генеральное место Земле. Ей же он отдал и право дирижировать движением всех планет.

Это было ошибкой, но именно «Альмагест» Птолемея стал главным трудом человечества по астрономии почти на полторы тысячи лет, парализовав процессы познания мира.

Почему мы говорим о парализации?

Дело в том, что астрономия всегда была ключевой позицией развития знания. Это не удивительно. Только она предлагает конструкцию общей картины мира, фрагментиком которого является Земля и все виды жизни на ней. Как мы теперь знаем, этот фрагментик ничтожно мал и полностью зависим от состояния общей картины.

Ложный вектор астрономии сообщал и всем остальным научным дисциплинам существенную нетрезвость. Напомним, что именно в чреве птолемеевой астрономии вызрел уродец антропоцентризма. Через утверждения о «центральности» Земли и ее «первой роли во Вселенной» зарождалось забавное представление и об исключительности homo. Эта ошибка дорого обошлась: часть наук устремилась по ложному следу, изучая и оценивая homo, как некий вселенский уникум.

Значение биологии не так глобально, как астрономии, но в некоторых мелких вопросах оно весьма велико. В частности, биология диктует моду во взглядах об эволюции человека. Книга Докинза — очередное тому свидетельство. Но опять вместо прояснения множества неясностей мы имеем образец красивой, складной и уверенной генетической трескотни.

То, что сама биология давно задохнулась под тяжестью навалившейся на нее генетики — это ее частные проблемы. Но попытка объяснить развитие человека агрессией и всевластием генов сегодня может сыграть роль «Альмагеста».

По сути, именно это и происходит. Ошибочный и тупиковый генетический вектор становится непререкаемой догмой. Докинз год от года все виртуознее исполняет свою геноцентрическую арию, а публика хлопает все азартнее. Усиливается власть иллюзии: генетика является единственно пригодным инструментом для понимания истории раннего homo.

«Рассказ предка — паломничество к истокам жизни» — хороший вернисаж части заблуждений, связанных с эволюцией человека. И одновременно образчик поразительного самодовольства и поспешности...

Конечно, генетика очень мила и важна. Проблема заключается только в том, что к развитию того существа, которое мы именуем именно «человеком» — она не имеет ни малейшего отношения.

Да, используя методы генетики можно регистрировать множественные изменения организма homo и проследить биологический путь от дриопитека до самого Докинза. Геном объяснимым образом мутирует, закрепляя светлоглазость, курчавость, прямохождение, переносимость крахмала и лактозы, а также сход волосяного покрова. Аккуратно следуя за изменениями среды, он вносит в организм нужные корректировки, которые обеспечивают разным группам homo возможность выживания. В геноме находится местечко даже для такого пустяка, как закрепление эпикантуса (жировой складочки верхнего века, характерной для т.н. «монголоидов»).

Но! За очень большой отрезок времени в геноме не закрепилась ни одна из тех функций, которые принято называть интеллектуальными.

Каждый человек вновь и вновь рождается питекантропом, не имеющим ни малейшего представления ни о языке своих родителей, ни о предназначении унитаза. Если homo пройдет курс социально-культурной дрессировки, то он узнает и то и другое. Если нет, то останется обычным животным, применительно к которому диагноз «слабоумие» будет незаслуженным комплиментом.

Со времени первых информативных звуков, которые неизбежным образом развились в речь, прошло немало времени. Возможно, не менее миллиона лет. Речь, являясь колоссальным преимуществом человека, теоретически, должна была бы стать видовым наследуемым фактором. Но... ничего не произошло. Она не закрепилась. Каждого нового человека приходится учить речи заново.

За этот период даже черные медведи, попавшие в особые климатические условия, через мутацию известного гена MC1R обзавелись белой шкурой. Сцинки перешли от яйцекладства к живорождению. Тростниковые жабы повысили резвость. Пяденицы радикально поменяли окраску, а мидии, измученные домогательствами крабов — увеличили толщину створок своих раковин.

И это все чистая генетика, ибо «команда на изменение» может прозвучать только «из уст» гена. Ослушание невозможно. Везде мы видим энергичное чехардирование пигментных и сигнальных белков, клеточных рецепторов и гормонов. Эволюция трудится. Вырабатываются и генетически закрепляются как милые пустячки, так и глобальные изменения. Кроты совершенствуют копательные пальчики, а тараканы учатся презирать яды. Геном каждого живого существа находится в движении, пытаясь обеспечить «свой» организм максимальными преимуществами.

А вот важнейшее свойство человека, отличающее его от жирафа, крота и моллюска — этим геномом полностью игнорируется, как нечто абсолютно незначительное и не стоящее закрепления. Как то, на что жалко потратить даже парочку сигнальных белков.

Конечно, тело человека изменяется. Особый ген тибетцев позволяет им приспособиться к разреженному воздуху, масаи приобретают длинноногость, у (части) чукчей и якутов возникает т.н. «холестериновый» аллель и т.д.

Но эволюционная работа совершенствует лишь биологическую куклу человека, никак не фиксируя в его геноме главное отличие от животных: мышление, речь и интеллект.

Это упрямство генов начисто отрезает человека от всего опыта предыдущих поколений, заставляя каждую родившуюся особь обучаться всему заново. Обучение, как правило, происходит. Но! Оно всегда делается только через дрессировку, нарабатывающую те или иные цепочки условных рефлексов.

Этот факт давно требует объяснений. Но их нет. Как нет и никакой ясности по поводу того, какая часть мозга ответственна за генерацию именно мышления.

Разумеется, в поисках решения этой неприятной загадки наука цеплялась за все, что ей подворачивалось под руку. Но... всегда безуспешно.

Поначалу решающим фактором считался объем мозга и соотношение массы мозга и тела. Предполагалось, что своим удивительным свойствам этот орган обязан своей величине.

Но исследования множества гипофизарных карликов, имеющих массу мозга около 400-500 см^3, показали, что существо с объемом мозга в три раза меньше нормативного — тоже способно говорить, петь, шутить, читать и писать романы, решать сложные математические задачи, стреляться на дуэли, гранить самоцветы и шулерничать при игре в карты.

Последним гвоздем в гроб «теории объема» стала красотка Антония Грандони, имевшая мозг 370 см^3. Антония пела, танцевала, обладала нормальной речью, писала любовные стишки и занималась рукоделием. Мозг Грандони был исследован доктором Л. Северини из Перуджи, который обнаружил, что чистый объем гемисфер (полушарий) красавицы равнялся 289 граммам, а еще 51 грамм приходился на мозжечок, ствол и продолговатый мозг. *Основная работа по Грандони — Д. Кардон «D'una Microcefalata».*

В XXI веке Антонию в миниатюрности головного мозга перещеголяли Чандра Бахадур, Джунри Балавинг и другие карлики Филипин и Непала.

Гипотеза взаимосвязи мышления и размеров мозга лопнула. Ее сменила версия о том, что «тем самым», ключевым, фактором является «зона Брока» (нижняя лобная извилина мозга).

«Брока» назначили ответственной за речь. Но и здесь вышел конфуз. Нижняя лобная извилина оказалась простым центром моторики губ, языка и гортани. Разумеется, ни малейшего отношения к смыслам и содержаниям звуков она не имеет и обслуживает всего лишь механику звукоиздавания. Аналогичная ей по функции извилина была еще в 1877 обнаружена доктором Duret у собаки и означена, как «центр лая», а позже найдена у всех млекопитающих без исключения.

«У животных нервные клетки в области Брока контро-

лируют работу мимических и гортанных мышц, а так же языка» (Pinker S. The language instinct — the new science of language and mind. Penguin, London).

Затем выяснилось, что в процессе эволюции у homo несколько припухли лобные доли мозга. Этой-то припухлости и делегировали роль «главного отличия» человека от других животных.

Первым опроверг гипотезу об исключительной роли лобных долей Иван Петрович, за ним — У.Г. Пенфилд, а в 1977 году J. Hrbek поставил точку: *«приписывание лобной коре самых высших психических функций традиционная догма, которая уже 150 лет задерживает прогресс научного познания»*.

Затем были обнаружены гены, типа HAR1, отвечающие за развитие коры мозга, а также другие мелкие генетические радости.

Поначалу это показалось решением неприятной загадки, но на проверку тоже оказалось блефом.

Дело в том, что если счастливого обладателя «Брока», HAR1, и самых больших лобных долей предоставить самому себе, с рождения лишив всякого влияния других homo, то мы вновь получим бессвязно мычащее существо. Мыча, оно будет мастурбировать при виде любой самки и при первой возможности в центре бальной залы наложит кучу.

Ни «лобные доли», ни HAR1 не сработают. Речь и мышление не возникнут.

История нейрологии и нейрофизиологии скрупулезно хранит все свидетельства о поведении тех особей homo, которые по разным причинам не прошли курс социально-культурной дрессировки. Этих документов много, но особенно живописны наблюдения за реальными «маугли», детьми разного возраста, в XIX-XX веках, обнаруженными в джунглях Индии.

О мальчике 12 лет:

«*Его нельзя было заставить носить платье даже в самую холодную погоду. Когда сделалось холодно, ему дали стеганное одеяло на вате, но он разорвал его на куски и съел часть его вместе с ватой и хлебом*» Jornal of the Asiatic Society Proceedings for june 1873.

О мальчике 14 лет:

«*Он не говорил, он только визжал. Он не переносил одежды и стаскивал с себя все, что только на него надевалось. Не ел ничего, кроме сырого мяса и лакал воду языком. Предоставленный самому себе, он забирался днем в какое-нибудь темное место, ночью же выходил и бродил кругом ограды, если находил кость, принимался грызть ее с жадностью». Этот мальчик умер в приюте через четыре месяца*». В Amherst Student помещено письмо профессора I. H. Seeye из Аллагабада (Индия), помеченное 25 ноября 1872 г.

О девочках:

«*17 октября 1920 года в Годамуре, при уничтожении стаи волков были найдены две девочки - 1.5 лет и 8 лет. Доставлены в Миднарор. Из довольно подробных протоколов следует, что единственный звук, который они издавали — был крик-завывание. Этот крик начинался с грубого звучания и переходил в дрожащий пронзительный вопль на очень высокой ноте. Играя, они кусались. Старшая с 9 февраля 1922 года начала учиться передвигаться на коленях в выпрямленном состоянии (с выпрямленной спиной и без помощи рук) и вместо визжания научилась издавать звук "бхуу-бхуу"*».

Обе девочки быстро умерли. Вскрытие показало наличие у них вполне здорового мозга. Разумеется, лобные доли, как и все остальные анатомические аксессуары, присущие современным сапиенсам, у них были вполне развиты.

Мы можем перебрать сотню примеров такого типа,

начиная с XIV столетия и закончив XXI. Во всех случаях картина будет поразительно сходственна. Более того, качество мышления и интеллект непосредственных родителей тоже не будет иметь никакого значения.

Выстроив сколь угодно длинную цепочку из нобелевских лауреатов и лауреаток, мы можем разжиться «финальным» младенцем. У него будет безупречная академическая родословная и самая интеллектуальная «наследственность». Но опять-таки это будет обычное животное, не имеющее ни малейшего представления ни о конструкции простой зажигалки, ни о Павлове.

Как видим, наличие особых анатомических, физиологических и генетических механизмов, образовавшихся у человека в процессе эволюции, не играет никакой роли.

В данной ситуации не остается ничего другого, кроме как признать речь и мышление (т.е. внутреннюю речь) — случайными эпифеноменами работы мозга.

Что такое «эпифеномен»? Это некое побочное, второстепенное явление, которое может сопутствовать основным явлениям... а может и не сопутствовать. В зависимости от обстоятельств.

Фактология беспощадна. По всей вероятности, мозг предназначен отнюдь не для мышления, а лишь для обеспечения сложных физиологических функций сложного организма. Он может быть использован для мышления. А может и не быть, как это доказывают те миллионы лет, когда homo довольствовался скромной ролью стайного животного, проводящего жизнь в поисках падали.

Итак, эволюция не закрепляет те свойства, которые человек считает своими главными отличиями от других животных. Более того, эволюция выказывает в отношении речи, мышления и интеллекта поразительное пренебрежение. Они представляются ей менее важными факторами, чем форма лапок крота или цвет шерсти медведя. Увы, но генетическая незакрепляемость речи и мышления — это очень отчетливая «черная метка». Она прямо указывает на ничтожную значимость этих явлений не только в системе Вселенной, но даже и на Земле.

Ничего удивительного. Миф о мозге — это всего лишь очередной послед «Альмагеста». Мнение о том, что мозг человека это *«нечто, превосходящее сложностью и значительностью все, что мы знаем во Вселенной»*, вероятно, следует считать милым вздором и оставить дамам-психологам.

К сожалению, в разряд этих дам попадает и Докинз.

Дело в том, что мозг homo по параметрам «сложности», как часть картины вселенной, не может рассматриваться всерьез. Особенно по сравнению с планетарным движением, нуклеосинтезом, дырами и прочими естественными механизмами, которыми набиты галактики.

На мозг влияет всё без исключения. А он не может влиять ни на один существенный процесс. Чтобы убедиться в этом, не надо устремляться к Бетельгейзе или Солнцу. Достаточно маленького Эйяфьятлайокудля.

Особенно забавно выглядит «сверхсложность» мозга на фоне миллиардов лет глобальных процессов, которые как-то не нуждались в его участии. Чтобы представить себе реальную роль мозга человека во времени и во вселенной — достаточно посмотреть на диатомеи.

Диатомеи — это микроскопические одноклеточные водоросли, обитающие в освещенных слоях океана. Их так много, а срок их жизни так мал, что из освещенного слоя вниз постоянно идет «дождь» из мертвых диатомей. Если несколько этих организмиков слипнутся в смерти, то их вращение, на долю секунды, создаст иллюзию мерцания. Впрочем, сравнив мерцание диатомей со следом жизненного цикла мозга человека во вселенной, мы, несомненно, польстили последнему. Его мерцание не заметно никому и ни для чего не служит, кроме развлечения самого homo.

Докинз, несомненно, блистательный автор. В его книге безупречно все, что не касается человека и его эволюции. Но в пикантном вопросе т.н. антропогенеза он лишь повторяет старую глупую сказку про пещерника, который по воле генов проделал бессмысленный путь от сланцевого рубила до кредитного «фордфокуса». А вот все больные и важные вопросы о превращении обычного животного в существо, увлеченное генетикой, он, как всегда, мило замурлыкал.

ОГЛАВЛЕНИЕ

Предисловие..3
Глава I. Мозг Иисуса и мозг Сатаны........................16
Глава II. Пожар в театре условных рефлексов............29
Глава III. Задница-2..33
Глава IV. Дети ужаса, внуки кошмара......................38
Глава V. Падальщик — это звучит гордо....................45
Глава VI. Бриллиантовый кирпич............................60
Глава VII. Изобретение любви................................69
Глава VIII. Камень в лапе....................................81
Глава IX. День утраты хвоста................................91
Глава X. Генератор глупости.................................95
Глава XI. Планета тупых....................................103
Глава XII. Черная комедия полушарий....................109
Глава XIII. Вторжение рассудка............................124
Глава XIV. Птичьи права разума...........................134
Глава XV. Хорошо откормленная химера..................140
Глава XVI. Великая мозговая пустыня....................153
Глава XVII. Животное, управляемое ложью.............169
Глава XVIII. Механика гениальности......................176
Глава XIX. Последний гений................................186

ПРИЛОЖЕНИЕ

Антрекот Михайлович Достоевский......................192
День звездоноса или идеальная религия...............200
Родина, как условный рефлекс........................202
Механика веры......................................205
Деды воевали.......................................209
Повелители мозга...................................213
Предки горячего копчения...........................215
Развесистая Зоя....................................218
Орел общего пользования и саблезубый Кремль......226
Вежливые орки......................................229
Бедняга Фрейд......................................233
Красавец Декарт....................................237
Мурлыканье Ричарда Докинза.........................241

Научно-просветительское издание

Невзоров Александр Глебович

Происхождение гениальности и фашизма

Публикуется в авторской редакции

Издатель *Лидия Невзорова*
Главный редактор *Екатерина Аралбаева*
Ассистент *Дарья Белобородова*
Дизайн обложки *Андрей Шуган*
Компьютерная верстка *Илья Емельянов*

www.nevzorov.tv

www.ingramcontent.com/pod-product-compliance
Lightning Source LLC
LaVergne TN
LVHW021808060526
838201LV00058B/3283